Utilize este código QR para se cadastrar de forma mais rápida:

Ou, se preferir, entre em:

www.moderna.com.br/ac/livroportal

e siga as instruções para ter acesso aos conteúdos exclusivos do

Portal e Livro Digital

CÓDIGO DE ACESSO:

A 00265 BUPHIST1E 3 59647

Faça apenas um cadastro. Ele será válido para:

Da semente ao livro, sustentabilidade por todo o caminho

Plantar florestas
A madeira que serve de matéria-prima para nosso papel vem de plantio renovável, ou seja, não é fruto de desmatamento. Essa prática gera milhares de empregos para agricultores e ajuda a recuperar áreas ambientais degradadas.

Fabricar papel e imprimir livros
Toda a cadeia produtiva do papel, desde a produção de celulose até a encadernação do livro, é certificada, cumprindo padrões internacionais de processamento sustentável e boas práticas ambientais.

Criar conteúdos
Os profissionais envolvidos na elaboração de nossas soluções educacionais buscam uma educação para a vida pautada por curadoria editorial, diversidade de olhares e responsabilidade socioambiental.

Construir projetos de vida
Oferecer uma solução educacional Moderna é um ato de comprometimento com o futuro das novas gerações, possibilitando uma relação de parceria entre escolas e famílias na missão de educar!

Apoia: TWO SIDES
www.twosides.org.br

Fotografe o Código QR e conheça melhor esse caminho.
Saiba mais em *moderna.com.br/sustentavel*

Tacito Comunicação, Alexandre Santana e Estúdio Pingado

Organizadora: Editora Moderna
Obra coletiva concebida, desenvolvida e produzida pela Editora Moderna.

Editora Executiva:
Ana Claudia Fernandes

NOME: ....

.... TURMA: ....

ESCOLA: ....

....

1ª edição

© Editora Moderna, 2018

Elaboração dos originais:

Denise Trevisan de Góes
Bacharel em Ciências Sociais pela Universidade de São Paulo. Bacharel em Comunicação Social pela Faculdade de Comunicação Social Cásper Líbero. Editora.

Lucimara Regina de Souza Vasconcelos
Bacharel e licenciada em História pela Universidade Federal do Paraná. Mestre em Teoria Literária pelo Centro Universitário Campos de Andrade. Editora.

Maiara Henrique Moreira
Bacharel e licenciada em História pela Universidade de São Paulo. Editora.

Raphael Fernandes
Bacharel em História pela Universidade de São Paulo. Editor.

Thais Regina Videira
Bacharel e licenciada em História pela Universidade de São Paulo. Editora.

Edição de texto: Lucimara Regina de Souza Vasconcelos, Maiara Henrique Moreira, Raphael Fernandes dos Santos
Assistência editorial: Raphael Fernandes dos Santos
Preparação de texto: Cintia Shukusawa Kanashiro
Gerência de *design* e produção gráfica: Everson de Paula
Coordenação de produção: Patricia Costa
Suporte administrativo editorial: Maria de Lourdes Rodrigues
Coordenação de *design* e projetos visuais: Marta Cerqueira Leite
Projeto gráfico: Daniel Messias, Daniela Sato, Mariza de Souza Porto
Capa: Daniel Messias, Mariza de Souza Porto, Otávio dos Santos
  Ilustração: Raul Aguiar
Coordenação de arte: Denis Torquato
Edição de arte: Ana Carlota Rigon
Editoração eletrônica: Ana Carlota Rigon
Edição de infografia: Luiz Iria, Priscilla Boffo
Ilustrações de vinhetas: Daniel Messias, Ana Carolina Orsolin
Coordenação de revisão: Elaine C. del Nero
Revisão: Dirce Y. Yamamoto, Marina Oliveira, Renata Palermo, Salete Brentan, Tatiana Malheiro
Coordenação de pesquisa iconográfica: Luciano Baneza Gabarron
Pesquisa iconográfica: Aline Chiarelli, Etoile Shaw e Evelyn Torrecilla
Coordenação de *bureau*: Rubens M. Rodrigues
Tratamento de imagens: Fernando Bertolo, Joel Aparecido, Luiz Carlos Costa, Marina M. Buzzinaro
Pré-impressão: Alexandre Petreca, Everton L. de Oliveira, Marcio H. Kamoto, Vitória Sousa
Coordenação de produção industrial: Wendell Monteiro
Impressão e acabamento: Log & Print Gráfica e Logística S.A.
Lote: 290083

Dados Internacionais de Catalogação na Publicação (CIP)
(Câmara Brasileira do Livro, SP, Brasil)

Buriti plus história / organizadora Editora Moderna ; obra coletiva concebida, desenvolvida e produzida pela Editora Moderna – 1. ed. – São Paulo : Moderna, 2018. (Projeto Buriti)

Obra em 4 v. para alunos do 2º ao 5º ano.

1. História (Ensino fundamental) I.

18-17164   CDD-372.89

Índices para catálogo sistemático:
1. História : Ensino fundamental   372.89

Maria Alice Ferreira - Bibliotecária - CRB-8/7964

ISBN 978-85-16-11305-6 (LA)
ISBN 978-85-16-11306-3 (GR)

Reprodução proibida. Art. 184 do Código Penal e Lei 9.610 de 19 de fevereiro de 1998.
Todos os direitos reservados
EDITORA MODERNA LTDA.
Rua Padre Adelino, 758 - Belenzinho
São Paulo - SP - Brasil - CEP 03303-904
Vendas e Atendimento: Tel. (0_ _11) 2602-5510
Fax (0_ _11) 2790-1501
www.moderna.com.br
2020
Impresso no Brasil

1 3 5 7 9 10 8 6 4 2

Que tal começar o ano conhecendo seu livro?

Veja nas páginas 6 e 7 como ele está organizado.

Nas páginas 8 e 9, você fica sabendo os assuntos que vai estudar.

Neste ano, também vai conhecer e colocar em ação algumas atitudes que ajudarão você a conviver melhor com as pessoas e a solucionar problemas.

7 atitudes para a vida

Aproveite o que já sabe!
Use o que aprendeu até hoje para resolver uma questão.

Faça perguntas!
Não esconda suas dúvidas nem sua curiosidade. Pergunte sempre.

Tente outros caminhos!
Procure jeitos diferentes para resolver a questão.

Vá com calma!
Não tenha pressa. Pense bem antes de fazer alguma coisa.

Organize seus pensamentos antes de falar ou escrever!
Capriche na hora de explicar suas ideias.

Ouça as pessoas com respeito e atenção!
Reflita sobre o que está sendo dito.

Seja criativo!
Invente, use sua imaginação.

Nas páginas 4 e 5, há um jogo para você começar a praticar cada uma dessas atitudes.

Divirta-se!

Desafio da cidade histórica

Bernardo, Carla e Daniele moram em uma rua de uma cidade histórica. Siga as pistas e descubra a casa em que cada um deles mora (1, 2 ou 3). Em seguida, descubra de qual objeto eles mais gostam (livro de história, ampulheta ou lupa) e, por último, em qual mês do ano eles nasceram (fevereiro, março ou novembro).

1. Carla e Bernardo não moram lado a lado.
2. O menino que tem a lupa mora ao lado da menina que tem o livro de história.
3. A menina que tem a ampulheta nasceu em novembro.
4. A criança que mora na casa 3 nasceu em março.

Depois, imagine que Mário, Rebeca e Laura vão se mudar para essa mesma rua (casas 4, 5 e 6). Crie pistas para que um colega descubra onde cada um deles vai morar, o mês de nascimento e o objeto favorito. Depois, desenhe essas três crianças em uma folha, recorte e cole na página 5.

4

Ouça as pessoas com respeito e atenção!

Preste atenção nas instruções do professor e nas dúvidas dos colegas.

Vá com calma!

Comece escrevendo o nome de que você tem certeza. Depois, leia novamente as dicas para escrever os próximos.

Tente outros caminhos!

Procure jeitos diferentes de raciocinar para resolver a questão e esteja preparado para mudar alguma conclusão a que você havia chegado.

Faça perguntas!

Se tiver alguma dúvida sobre as dicas, pergunte ao professor.

Organize seus pensamentos!

Leia com atenção todas as dicas. Examine bem qual nome pode ser o ponto de partida. Ao final, leia todas as dicas novamente para ver se a resposta está certa!

Aproveite o que já sabe!

Depois de escrever o primeiro nome, você já consegue saber qual deve ser o próximo.

Seja criativo!

Que dicas você pode dar aos colegas para que resolvam o novo desafio?

ILUSTRAÇÃO: ROBERTO WEIGAND

4
Nome _____
Objeto _____
Mês _____

5
Nome _____
Objeto _____
Mês _____

6
Nome _____
Objeto _____
Mês _____

Conheça seu livro

Seu livro está organizado em 4 unidades.
Veja o que você vai encontrar nele.

Abertura da unidade

Nas páginas de abertura, você vai explorar imagens e perceber que já sabe muitas coisas.

Capítulos e atividades

Você aprenderá muitas coisas novas estudando os capítulos e resolvendo as atividades.

Para ler e escrever melhor

Você vai ler um texto e perceber como ele está organizado. Depois, vai escrever um texto com a mesma organização. Assim, você aprenderá a ler e a escrever melhor.

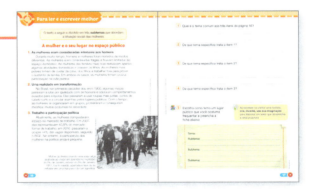

O mundo que queremos

Você vai ler, refletir e realizar atividades sobre algumas posturas no cotidiano, como se relacionar com as pessoas, valorizar e respeitar as diferentes culturas, colaborar para preservar o meio ambiente e cuidar da saúde.

Como as pessoas faziam para...

Você vai descobrir alguns aspectos do dia a dia das pessoas no passado e perceber o que mudou e o que permaneceu até os dias atuais.

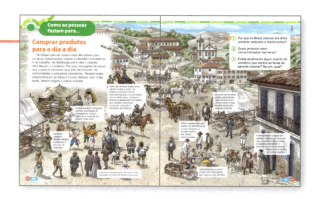

O que você aprendeu

Nessas páginas, você vai encontrar mais atividades para rever o que estudou na unidade e aplicar seus conhecimentos em várias situações.

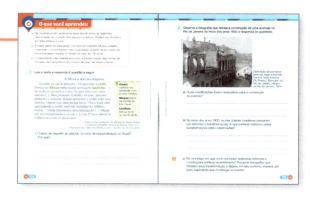

Atividade divertida

Nessa seção, você vai se divertir enquanto recorda alguns conteúdos.

Ícones utilizados

Ícones que indicam como realizar algumas atividades:

| Atividade oral | Atividade em dupla | Atividade em grupo | Atividade no caderno | Desenho ou pintura | Recortar e colar | Uso de tecnologias |

Ícone que indica as 7 atitudes para a vida:

Ícone que indica os objetos digitais:

Sumário

UNIDADE 1 — O espaço de todos nós — 10

Capítulo 1. O espaço público 12
- Para ler e escrever melhor 16

Capítulo 2. Uma questão de espaço 18
- O mundo que queremos: *A organização do espaço entre o povo Pataxó* 22

Capítulo 3. O lazer de todos 24
- Como as pessoas faziam para... 28

Capítulo 4. Espaços e memória 30
- O que você aprendeu 36
- Atividade divertida 40

UNIDADE 2 — A formação das cidades — 42

Capítulo 1. Os primeiros grupos 44
- Para ler e escrever melhor 48

Capítulo 2. Das vilas às cidades 50
- O mundo que queremos: *O registro do número de habitantes* 54

Capítulo 3. A ocupação do espaço por meio do comércio 56
- Como as pessoas faziam para... 60

Capítulo 4. A preservação das primeiras formações urbanas 62
- O que você aprendeu 68
- Atividade divertida 72

UNIDADE 3 — A vida no campo e as migrações — 74

Capítulo 1. As grandes plantações: a cana-de-açúcar 76
- Para ler e escrever melhor 80

Capítulo 2. Pecuária e ocupação do interior 82
- O mundo que queremos: *A preservação da cultura indígena* 86

Capítulo 3. A cafeicultura e a formação da população 88
- Como as pessoas faziam para... 92

Capítulo 4. Do campo para a cidade: as fábricas e os operários 94
- O que você aprendeu 100
- Atividade divertida 104

UNIDADE 4 — Vida na cidade: a urbanização — 106

Capítulo 1. Diferentes lugares: os municípios 108
- Para ler e escrever melhor 112

Capítulo 2. Cidade, trabalho e indústria 114
- O mundo que queremos: *O fim do trabalho infantil* 118

Capítulo 3. O crescimento das cidades 120
- Como as pessoas faziam para... 124

Capítulo 4. O modo de vida nas cidades 126
- O que você aprendeu 132
- Atividade divertida 134

Encartes 138

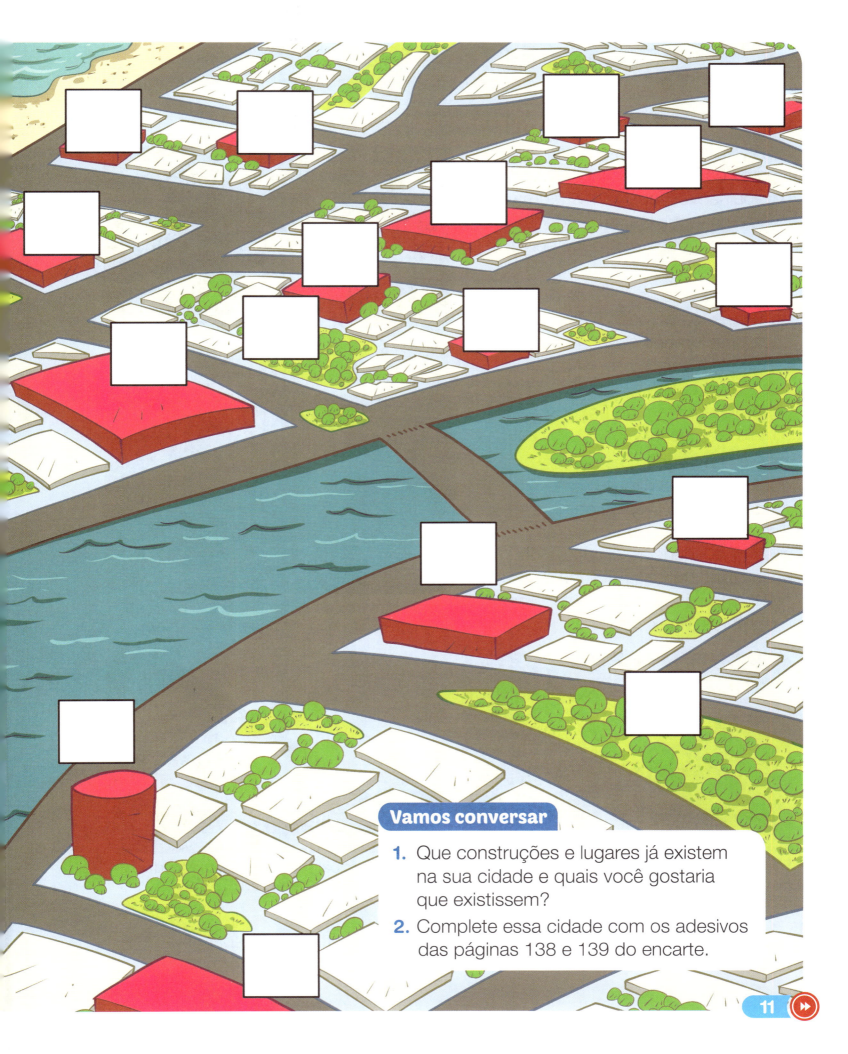

Vamos conversar

1. Que construções e lugares já existem na sua cidade e quais você gostaria que existissem?
2. Complete essa cidade com os adesivos das páginas 138 e 139 do encarte.

CAPÍTULO 1

O espaço público

As residências, as escolas, os lugares onde as pessoas se divertem e trabalham se localizam em uma rua. A rua é pública. Isso significa que é um espaço que pode ser usado por todos.

Assim como as ruas, as praças, os jardins, os parques e as praias são considerados espaços públicos, porque são lugares por onde as pessoas circulam livremente. Todos esses lugares têm nome, pois assim é mais fácil localizá-los.

Mas há também espaços públicos onde a circulação é controlada, e é preciso obter autorização para ter acesso às suas dependências. É o caso de escolas e hospitais públicos e de prédios públicos como Prefeituras e Câmaras Municipais.

Rua comercial do centro histórico do município de Belém, estado do Pará, 2017.

Parque Moinhos de Vento, município de Porto Alegre, estado do Rio Grande do Sul, 2014.

Fachada da Prefeitura Municipal do município de Feira de Santana, estado da Bahia, 2016.

Escola municipal no município de Moeda, estado de Minas Gerais, 2016.

Cabe ao governo a responsabilidade de administrar todos os espaços públicos e à população, a de cuidar e manter conservado o bem comum.

Tipos de espaços públicos

Há diferentes formas de usar os espaços públicos. Alguns podem ser usados para lazer, e outros, para abrigar instituições que fazem parte da administração pública. Com base em sua função, eles podem ser divididos em:

> Ao escrever ou contar uma história, é importante organizar os pensamentos antes de falar ou escrever e expressar-se com **clareza** para ser bem compreendido.

- Espaços públicos de circulação: as ruas e as praças.

- Espaços públicos de lazer: jardins, parques urbanos e praias.

- Espaços públicos de preservação: parques e reservas ecológicas.

- Espaços públicos institucionais: escolas, hospitais, bibliotecas e prédios públicos.

1 Marque com um **X** a situação que melhor se relaciona com o significado da palavra **público**, utilizada no texto da página 12.

O público aplaudiu de pé o espetáculo.

Todas as pessoas podem frequentar o parque público.

Espaço público e cidadania

Os lugares públicos são administrados pelo governo e são livres e abertos a todos. Neles, as pessoas trocam experiências e aprendem atitudes de cidadania. Por exemplo, ajudar a manter limpas as ruas, as praças, as áreas verdes e as praias, separar o lixo reciclável e participar da vida da comunidade são atitudes cidadãs.

Todos nós temos o direito de utilizar os espaços públicos e o dever de mantê-los limpos e conservados.

Além disso, é nos lugares de convivência que muitas pessoas se encontram para estudar, cuidar da saúde ou debater questões importantes para a comunidade, fortalecendo as relações pessoais e as práticas de cidadania.

> **Você sabia?**
>
> **Prédios públicos**
>
> Os prédios das Prefeituras e das Câmaras Municipais são exemplos de espaços que são públicos, mas têm seu uso limitado a um grupo de pessoas, entre eles os representantes eleitos pela população para administrar aცidade: o prefeito e os vereadores.

2 Observe as ilustrações e complete as frases com as palavras que estão no quadro a seguir.

(escola municipal   rua   praça)

Todos os dias João leva Marcos e Ritinha para a _____ do bairro. Com muito cuidado, eles atravessam a _____ e caminham pela _____, onde sempre encontram amigos da escola.

A função social da praça

Um exemplo de lugar público em que as pessoas podem circular livremente são as praças. Em geral, elas se caracterizam por serem espaços amplos e sem construções. Elas são importantes para os moradores das cidades, pois proporcionam o contato com áreas verdes, além de momentos de convivência e recreação, aproximando as pessoas.

Nas praças as pessoas podem se distrair, encontrar amigos, ouvir música. Praça da Bandeira, município de Caçapava, estado de São Paulo, 2017.

As praças também guardam a memória de um lugar. Escultura na Praça Primeiro de Janeiro, município de Vargem Bonita, estado de Minas Gerais, 2017.

3 Leia o texto e responda às questões.

A preguiça da praça

Domingo é um dia especial. O movimento é grande por causa da missa. Quase todos os Silvas tiram suas roupas domingueiras do armário [...]. Domingo à tarde, depois das três, a praça ferve. Tem Silva cochilando – tá vendo aquele banco?... isso, aquele mergulhado na sombra da paineira... é disputadíssimo – , tem jovens Silvas namorando, gulosos Silvinhas e seus avós, tem um pouco de tudo. E muito barulho; é um zum-zum terrível. [...]

José De Nicola. *A preguiça da praça.* São Paulo: Moderna, 1993. p. 14-16.

a) A qual espaço público o texto se refere?

b) De acordo com o texto, o que acontece aos domingos nesse espaço?

Para ler e escrever melhor

> O texto a seguir é dividido em três **subtemas** que abordam a situação social das mulheres.

A mulher e o seu lugar no espaço público

1. As mulheres eram consideradas inferiores aos homens

Durante muito tempo, homens e mulheres foram tratados de modos diferentes. As mulheres eram consideradas frágeis e ficavam limitadas ao espaço doméstico. As mulheres das famílias mais ricas realizavam apenas algumas atividades domésticas e criavam os filhos. As mulheres mais pobres tinham de cuidar da casa, dos filhos e trabalhar fora para prover o sustento da família. Em ambos os casos, as mulheres tinham pouca participação na vida pública.

2. Uma realidade em transformação

No Brasil, nas primeiras décadas dos anos 1900, algumas moças passaram a lutar por igualdade com os homens e adotaram comportamentos ousados para a época. Elas passaram a usar roupas mais justas, cortes de cabelo curto e a circular sozinhas pelos lugares públicos. Com o tempo, as mulheres se organizaram em grupos, protestaram e conseguiram modificar muitos costumes na sociedade.

3. Trabalho e participação política

Atualmente, as mulheres conquistaram espaço no mercado de trabalho. Em 2007, elas representavam 40,8% do mercado formal de trabalho; em 2016, passaram a ocupar 44% das vagas disponíveis, segundo o IBGE. No entanto, a participação das mulheres na política ainda é pequena.

Mulher (à direita) usando uma saia-calça ajustada ao corpo em avenida no município do Rio de Janeiro, estado do Rio de Janeiro, 1911. Ela foi vaiada, agarrada e teve de se refugiar em uma loja para não ser agredida.

1 Qual é o tema comum aos três itens da página 16?

_____
_____

2 De que tema específico trata o item 1?

_____
_____

3 De que tema específico trata o item 2?

_____
_____
_____

4 De que tema específico trata o item 3?

_____
_____
_____

5 Escolha como tema um lugar público que você costuma frequentar e preencha a ficha abaixo.

Ao escrever ou contar uma história, **crie, invente, use sua imaginação** para elaborar um texto que desenvolva a ideia proposta.

Tema: _____

Subtema: _____
_____

Subtema: _____
_____

Subtema: _____
_____

CAPÍTULO 2
Uma questão de espaço

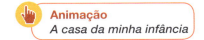
Animação
A casa da minha infância

Há muito tempo, a necessidade de abrigo e de segurança levou os seres humanos a usar as cavernas para se proteger do frio e dos animais. Milhares de anos depois, os seres humanos começaram a construir habitações e ali reuniam grupos de pessoas, que podiam ser familiares ou amigos, para morar e conviver.

Assim, em nossas moradias, convivemos com a família e recebemos visitas de amigos e de vizinhos. Comer, dormir, conversar, estudar e se divertir são algumas das atividades que fazemos enquanto estamos em casa, no espaço doméstico.

Interior de caverna no município de Presidente Figueiredo, estado do Amazonas, 2015.

Você já observou a divisão de sua moradia? Ela pode ter um ou mais cômodos: quarto, sala, banheiro, cozinha e área de serviço. Há casas que têm jardim e quintal. Todos os moradores podem cuidar da organização e da limpeza da casa. Para isso, é preciso que cada um se responsabilize por alguma tarefa.

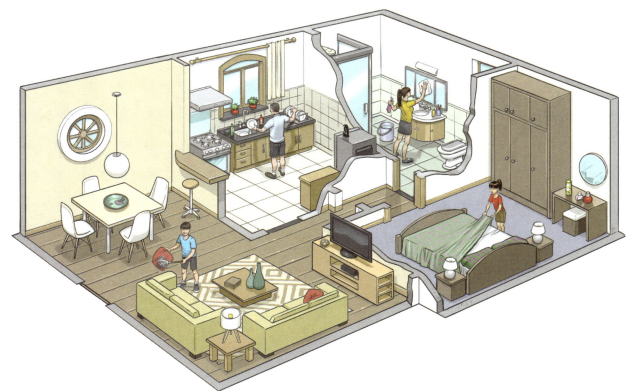

18

Na rua, qualquer pessoa pode circular, pois é um espaço público. Mas nem todos podem entrar na sua moradia, apenas quem for convidado a fazer isso. A moradia é um espaço doméstico particular, que pertence a quem mora nele.

Quando você vai fazer compras em um supermercado, por exemplo, é possível circular livremente por esse local. No entanto, ele não pertence a você nem é administrado pelo governo; ele é um espaço privado, mantido pelo seu proprietário.

1 Observe as imagens e preencha os quadros de acordo com a legenda.

A Espaço público   **B** Espaço privado   **C** Espaço doméstico

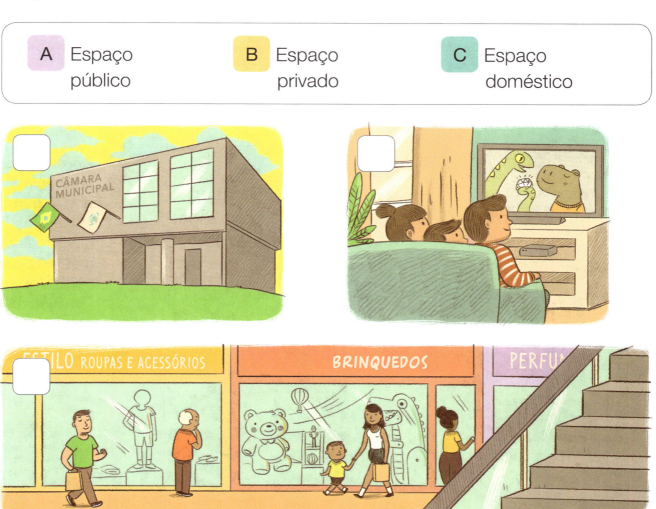

2 Desenhe, em seu caderno ou em uma folha de sulfite, a fachada (frente) do lugar em que você mora.

- Depois, explique a um colega como é sua moradia e com quem você mora.

19

Lugar de viver

As moradias são lugares de convivência em que as pessoas estão ligadas pelo afeto e pela vida em comum.

Em todos os lugares do Brasil, há uma grande variedade de moradias adequadas ao clima, às condições econômicas, ao tipo de terreno e às preferências de quem vive em cada uma delas.

Casa no município de Tibagi, estado do Paraná, 2014.

Conheça alguns tipos de moradia existentes em nosso país.

- Casas e sobrados: há casas térreas e sobrados, estes últimos têm dois ou mais andares.
- Barracos: há muitas habitações precárias, feitas de restos de madeira, papelão ou sucata.
- Palafitas: em regiões alagadas e nas margens de rios, é comum encontrar casas de madeira apoiadas sobre estacas fincadas no fundo dos rios.
- Prédios de apartamentos: há prédios com vários andares, compostos de apartamentos.

Barracos improvisados no município de Fortaleza, estado do Ceará, 2015.

Casa sobre palafitas no Rio Amazonas, município de Manaus, estado do Amazonas, 2013.

Aproveite os conhecimentos que já adquiriu sobre as maneiras de morar e de conviver para auxiliá-lo na compreensão do conteúdo.

Edifícios residenciais no município de Manaus, estado do Amazonas, 2015.

3 Procure os nomes das moradias no diagrama.

1. Casa com dois ou mais andares.
2. Casa apoiada em estacas na beira dos rios.
3. Moradia feita de restos de madeira, papelão ou sucata.
4. Moradia localizada em prédio formado por vários andares.

D	M	P	A	L	A	F	I	T	A	L	E	A	Ç
P	B	R	I	A	J	E	P	V	U	P	G	L	T
A	P	A	R	T	A	M	E	N	T	O	T	O	R
P	E	T	E	C	A	O	Ã	Ç	P	Ã	F	M	X
I	B	A	R	R	A	C	O	A	G	O	S	N	Ç
F	E	V	T	H	S	O	B	R	A	D	O	T	Y

4 Converse com um parente mais velho sobre a casa onde ele vivia quando era criança. Use o roteiro a seguir e anote no caderno as respostas. Depois, conte o que descobriu aos colegas em sala de aula.

- Em que ano você nasceu?
- Em que cidade você morava?
- Como era a sua moradia? De que material era feita?
- De que parte dela você mais gostava?
- Com quem você morava?
- A moradia onde você passou a infância é parecida com as de hoje? Em quê?

O mundo que queremos

A organização do espaço entre o povo Pataxó

Aldeia indígena Pataxó Imbiriba. Município de Porto Seguro, estado da Bahia, 2014.

O povo Pataxó hoje vive no extremo sul da Bahia, no Nordeste do Brasil, distribuído em cerca de trinta aldeias. [...]

A aldeia é o lugar comum de todos os habitantes. A área da aldeia compreende a casa e sua extensão utilizada (os quintais), fontes d'água, espaço religioso (igrejas), espaço comunitário, áreas de lazer, porto das canoas, campo de futebol, mercados, cemitério, posto de saúde, escritório da Funai, centro cultural, escolas e espaços de circulação, como rodagens e trilhas. [...]

A casa é o ambiente mais íntimo dos Pataxó. As casas de taipa podem ser feitas de madeira e barro [...]. Quando uma residência está em construção, ou em fase final, os parentes são chamados para ajudar, numa espécie de mutirão. [...]

Os quintais se localizam ao redor das residências, onde se cultivam, principalmente, plantas medicinais, ornamentais, condimentares e frutíferas, e a responsabilidade de cuidados geralmente é da mulher. [...]

Todas as casas têm um quintal, faz parte do uso de cada família. Os quintais são áreas de alimentação, lazer, proteção e de reunião da família e amigos. [...]

> **Taipa:** técnica simples de construção que usa barro para vedar paredes.

Fundação Nacional do Índio (Funai). *Aragwaksã*: plano de gestão territorial do povo Pataxó de Barra Velha e Águas Belas. Brasília (DF), 2012. Disponível em: <http://mod.lk/ishtu>. Acesso em: 6 mar. 2018.

1 Que áreas fazem parte de uma aldeia do povo Pataxó, segundo o texto?

_____

_____

_____

2 Do que são feitas as casas do povo Pataxó?

_____

_____

3 Releia o texto e desenhe os espaços que fazem parte de uma aldeia Pataxó.

CAPÍTULO 3 — O lazer de todos

Feiras e festas populares, centros culturais e esportivos, parques e praias, cinemas e museus... São muitos os exemplos de espaços públicos destinados ao lazer em que é possível conviver com as pessoas e distrair-se, praticar atividades diversas ou apenas descansar.

Você sabia?

O lazer é um **direito** fundamental de todos, assim como a educação, a saúde e a alimentação.

Os períodos dedicados ao lazer são muito importantes para o desenvolvimento físico e mental, além de promover a criatividade.

Tempo de lazer e tempo de trabalho

Há cerca de 250 anos, a divisão entre os momentos dedicados ao lazer e ao trabalho era menos definida que atualmente. Hoje, é comum que as atividades sejam divididas pelo tempo do relógio: os horários e a duração de cada atividade são, geralmente, controlados. Dedicam-se algumas horas do dia ao estudo (ou ao trabalho) e outras à diversão e ao descanso.

Essa divisão marcada entre os períodos de trabalho e descanso tornou-se mais comum depois da criação das indústrias e das novas formas de trabalho.

1 Observe a ilustração a seguir e classifique as atividades de acordo com a legenda.

T — Atividade de trabalho   L — Atividade de lazer

Trabalho e lazer no Brasil de outras épocas

No Brasil, há cerca de 130 anos, o trabalho de pessoas escravizadas, que constituíam a maior parte da população, sustentava a economia. No entanto, as formas de lazer, de expressão cultural e de religiosidade dessa parte da população eram perseguidas ou proibidas.

A população era formada, também, por trabalhadores livres e alforriados (que tinham conseguido resgatar a liberdade). Existia ainda uma parcela de pessoas ligadas à administração, ao comércio e à propriedade de terras que constituía a elite. As formas de lazer dependiam, então, da posição social de cada um.

Festas, danças e músicas

As formas mais comuns de divertimento eram as festas, as danças e as músicas, que reuniam heranças culturais de origem principalmente africana, indígena e europeia. Nesses intervalos no ritmo de trabalho, eram produzidas manifestações culturais e artísticas.

O jongo, por exemplo, era uma forma de lazer que, hoje, é considerada patrimônio imaterial. O jongo foi criado pelos escravizados que trabalhavam em fazendas de café e de cana-de-açúcar na região do Vale do Paraíba. As pessoas reuniam-se em rodas e alguém cantava um ponto (verso com um ritmo próximo ao da fala). Alguns pontos eram cantados por todos, outros eram uma espécie de charada que os jongueiros precisavam decifrar e responder.

Hoje, o jongo é praticado em cidades e comunidades rurais do Sudeste brasileiro.

Festival do Folclore, município de Olímpia, estado de São Paulo, 2014.

> **Patrimônio imaterial:** conjunto de danças, músicas, festas, comidas e costumes que contam a história de um povo e seus saberes.

 2 Registre em seu caderno suas atividades de lazer preferidas. Depois, classifique-as: elas são de origem antiga ou são atuais?

Trabalho e lazer no campo e na cidade

Enquanto o trabalho fornece o que é necessário à vida (como alimentos, abrigo ou vestuário), as atividades de lazer podem ter um fim em si mesmas: ao encontrar amigos e familiares ou fazer um passeio, o objetivo pode ser o próprio encontro ou passeio.

As relações entre o lazer e o trabalho modificam-se conforme a época e o local. No campo e na cidade, as atividades de lazer e trabalho podem ser bastante diferentes.

Trabalho e lazer no campo

Geralmente, as atividades econômicas do campo relacionam-se ao cultivo da terra, à criação de animais e ao processamento desses produtos.

Por conta da distância entre as comunidades rurais e das dificuldades de transporte, as formas de lazer no campo são muito valorizadas. Em festas, feiras e bailes é possível trocar experiências e produtos, contar histórias, cantar e dançar.

3 Veja o que há na lancheira de Lucas e ajude-o a descobrir algumas informações sobre os alimentos preenchendo a tabela conforme o exemplo.

Produto	De que material é feito?	Onde esse material é produzido e processado?	Quem trabalha para produzi-lo?
Pão	Trigo	Cultivado no campo e processado em indústrias	Trabalhadores rurais e o padeiro
Iogurte			
Suco de laranja			
Chocolate			

Trabalho e lazer nas cidades

As principais atividades econômicas que caracterizam as cidades são relacionadas ao comércio, à indústria, à administração, às atividades financeiras e educativas e à prestação de serviços.

As cidades tendem a concentrar, também, muitos edifícios e vias de circulação. Com isso, o meio ambiente sofre grandes impactos. O solo e a vegetação são modificados, e as áreas construídas predominam sobre as áreas arborizadas. Por isso, as chamadas áreas verdes são locais de lazer essenciais para aqueles que vivem nas cidades.

4) Leia as afirmações a seguir com atenção e assinale um **X** em verdadeiro ou falso.

a) Novas tecnologias são pouco usadas nas atividades realizadas no campo.

☐ Verdadeiro ☐ Falso

c) A agricultura é uma das principais atividades econômicas do campo.

☐ Verdadeiro ☐ Falso

b) Hoje, as cidades concentram a maior parte da população do Brasil.

☐ Verdadeiro ☐ Falso

d) As áreas verdes aumentam os problemas ambientais das cidades.

☐ Verdadeiro ☐ Falso

Como as pessoas faziam para...

Divertir-se no Rio de Janeiro há mais de 200 anos

Você imagina o que as pessoas faziam nos momentos de lazer há cerca de 200 anos? Todas as pessoas tinham as mesmas formas de recreação e frequentavam os mesmos lugares para se divertir? Descubra um pouco mais a seguir.

As pessoas escravizadas e os trabalhadores livres pobres não podiam frequentar os mesmos lugares que os membros da elite. Então, eles se reuniam em rodas para cantar e dançar. Os portugueses chamavam essas manifestações genericamente de batuques.

Membros da elite, comerciantes ricos, altos funcionários e fazendeiros frequentavam teatros e outros locais onde o restante da população podia entrar apenas para prestar serviços, raramente como espectadores.

Para viajantes estrangeiros e membros da elite, o Jardim Botânico, um espaço público, era um dos principais locais de lazer da cidade. Lá era possível passear e apreciar as plantas cultivadas. Ricos e pobres podiam ir ao local, mas não socializavam entre si.

Apenas os muito ricos e os que tinham grande influência social eram convidados para os jantares e os bailes de gala. Nos jantares, eram servidos pratos finos, com ingredientes importados da Europa. Nos salões de baile, ocorriam apresentações musicais, leitura e declamação de poemas.

1. Quais eram as atividades de lazer mais comuns no passado? Todos podiam realizá-las?

2. Quais são os locais de lazer frequentados por você e sua família?

Capítulo 4 - Espaços e memória

Relembre o caminho que você percorre para ir à escola diariamente, as ruas do bairro em que vive e outros locais que você costuma frequentar. Nesses caminhos, quais locais são importantes para a história da comunidade? Eles remetem a histórias antigas ou a hábitos e costumes importantes para as pessoas de seu bairro ou de sua cidade?

1. Registre em seu caderno dois lugares que são importantes para a história da cidade onde você vive. Anote o nome dos locais, para que servem, quando foram construídos e qual é a importância deles.

Alguns edifícios, praças, ruas, lugares de encontro e monumentos podem ser considerados **marcos históricos**. Isso significa que esses lugares representam mais que a função para as quais foram criados originalmente: eles funcionam como um símbolo, por meio do qual são feitas algumas conexões entre o presente e o passado.

Em Belém, no estado do Pará, por exemplo, o conjunto de construções do Mercado Ver-o-Peso é muito importante para a história da cidade. Há cerca de 400 anos havia ali um porto em que se pesavam mercadorias para a arrecadação de impostos. Vindos de várias partes do mundo, se reuniam naquele mesmo lugar comerciantes de produtos da Amazônia, como plantas medicinais, castanhas, cacau e guaraná.

Ao longo dos séculos, comerciantes, trabalhadores e compradores continuaram se reunindo naquele local. O Mercado Ver-o-Peso, hoje, é um patrimônio importante, que nos permite saber mais sobre o modo de vida e a história da cidade.

Parte do Mercado Ver-o-Peso. Município de Belém, estado do Pará, 2017.

30

Você sabia?

O Instituto do Patrimônio Histórico e Artístico Nacional (Iphan) é a instituição encarregada de proteger e promover os patrimônios históricos brasileiros. Ele foi criado em 1937 pela iniciativa de artistas e estudiosos movidos pela ideia de preservar e estudar tradições e heranças culturais encontradas no Brasil.

Para preservar os patrimônios, o Iphan cuida da criação de museus, exposições, estudos, pesquisas e atividades educativas. É, também, responsável por conservar acervos, construções e manifestações culturais e artísticas, valorizando a diversidade e a identidade cultural brasileira.

3 Marque com um **X** as ações descritas a seguir que contribuem para a preservação dos patrimônios.

☐ Pesquisas arqueológicas. ☐ Restrição dos registros históricos.

☐ Preservação de acervos.

4 Os patrimônios da cidade em que você vive são preservados? Quais iniciativas e projetos ajudam (ou ajudariam) a conservá-los?

_____

_____

5 Complete as frases a seguir com as palavras disponíveis nos quadrinhos.

| história | preservar | pesquisa | arqueologia |

- O estudo dos vestígios de construções e objetos realizado pela _____ é fundamental para conhecer e _____ os patrimônios.

- Os patrimônios são importantes fontes de _____ para o estudo da _____.

Espaços públicos: nomes e história

Qual é o nome da rua em que você mora? E da escola em que você estuda? Você sabe por que esses lugares receberam esses nomes?

Ruas, praças, prédios públicos e outros locais em que convivemos têm um nome que serve para identificá-los e localizá-los. Mas a escolha dos nomes de cada local se relaciona, também, ao desejo de manter viva a memória de pessoas importantes para uma comunidade ou de eventos históricos considerados determinantes para o coletivo.

Praça Elis Regina, município de São Paulo, estado de São Paulo, 2017. O nome da praça é uma homenagem à cantora brasileira, muito popular desde os anos 1960.

Biblioteca Carolina Maria de Jesus, no Museu Afro Brasil, município de São Paulo, estado de São Paulo, 2017. A escolha do nome é uma homenagem à escritora Carolina Maria de Jesus.

6 Reúna-se em grupo com alguns colegas e, com o auxílio do professor, realizem uma pesquisa para saber mais sobre o nome da escola em que vocês estudam. Depois, produzam um pequeno texto no caderno contando um pouco dessa história.

- Qual é o nome da escola?
- Esse nome é uma homenagem a alguma pessoa, personagem, data comemorativa ou evento?
- Por que você acha que esse nome é importante?

Nomes de espaços públicos: uma escolha coletiva

A escolha dos nomes dos espaços públicos pode seguir uma série de critérios. Às vezes, os nomes dos lugares são determinados pelo uso ou função: o Mercado Ver-o-Peso, em Belém, no estado do Pará, tem esse nome porque naquele local era comum pesar as mercadorias.

Em outros casos, esses espaços recebem nomes relacionados às características físicas do local. O Cais do Valongo, no município do Rio de Janeiro, recebeu esse nome porque foi construído próximo ao morro da Conceição, antes chamado de Morro do Valongo.

Hoje, cada município possui regras específicas para a escolha dos nomes dos lugares públicos. Um nome pode ser escolhido a pedido dos moradores ou ser proposto e analisado pelos vereadores – os representantes políticos que participam da administração do município.

7 Depois de sair do cinema, Miguel precisa entregar um livro na biblioteca. Marque as ruas e os lugares públicos pelos quais ele vai passar.

- Essas ruas e os prédios públicos ainda não têm nomes. Em duplas, escolham nomes para as ruas e os prédios e anotem no caderno.
- Que critérios você e seu colega usaram para escolher o nome dessas ruas e prédios públicos?

O que você aprendeu

- Há diferentes formas de usar os lugares públicos. Alguns podem ser usados para lazer e outros para abrigar instituições que fazem parte da administração pública.
- A casa é um espaço doméstico, por onde circulam os familiares e amigos; já lojas e supermercados são espaços privados.
- As formas de trabalho e lazer podem ser diferentes conforme o local e o momento histórico.
- Os espaços públicos e suas transformações têm relações com a história de cada local e época.

1 Leia o poema a seguir e, depois, responda às questões.

Caverna

Houve um dia
No começo do mundo
Em que o homem ainda não sabia
Construir sua casa
Então disputava
A caverna com bichos
E era aí a sua morada
Deixou para nós
Seus sinais,
Desenhos desse mundo
Muito antigo
Animais, caçadas, danças,
Misteriosos rituais.
Que sinais
deixaremos nós
para o homem do futuro?

Roseana Murray. *Casas*. Belo Horizonte: Formato, 1994. p. 23.

a) Onde o ser humano morava no começo do mundo? Por quê?

_____

b) Que sinais essa moradia antiga deixou para nós?

_____

c) Que resposta você daria à pergunta feita no fim do poema?

_____

2 Leia o texto e observe a charge. Depois, responda às questões abaixo.

A moradia como direito

O conjunto de leis mais importante do país, a Constituição Federal, garante uma série de direitos aos cidadãos, entre eles a moradia. Leia o artigo a seguir.

Art. 6º São direitos sociais a educação, a saúde, a alimentação, o trabalho, a moradia, o lazer, a segurança, a previdência social, a proteção à maternidade e à infância, a assistência aos desamparados [...].

Brasil. Constituição da República Federativa do Brasil. Disponível em: <http://www.planalto.gov.br/ccivil_03/constituicao/constituicao.htm>. Acesso em: 11 out. 2017.

Todo brasileiro tem direito a moradia, charge de Jean Galvão, 2008.

a) Onde vive a família que está representada na charge? É um lugar apropriado para uma família viver?

_____

_____

b) No município em que você vive, há pessoas na mesma situação das personagens da charge? O que você pensa sobre isso?

_____

c) O trecho lido pelo pai na segunda cena se refere ao que está registrado na Constituição Federal. O direito a moradia assegurado pela lei é respeitado na situação mostrada na charge? Por quê?

_____

_____

3 Leia o texto e responda à questão.

Acordo às quatro

Acordo às quatro
Tomo meu café
Dou um beijo na mulher
E nas crianças também
Vou pro trabalho
Com o céu ainda escuro

Respirando esse ar puro
Que só minha terra tem
[...] Levo comigo
Minha foice e a enxada
Vou seguindo pela estrada
Vou pro campo trabalhar.

Marcondes Costa. Acordo às quatro. In: Luiz Gonzaga.
Eu e meu pai. São Paulo: RCA, 1979.

- O trabalhador retratado na letra da canção vive em um meio rural ou em um meio urbano? Como é possível saber?

_____

_____

4 Observe as imagens e responda às questões a seguir.

Plantação de trigo no município de Ponta Grossa, estado do Paraná, 2017.

Vista do município de Belo Horizonte, estado de Minas Gerais, 2017.

- Quais diferenças você observa entre a imagem **1** e a imagem **2**?

_____

_____

5. Observe as imagens a seguir e, depois, responda às questões.

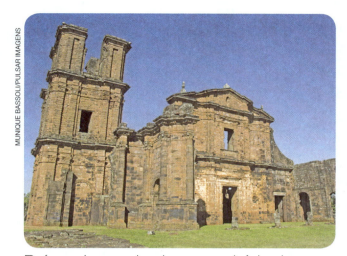
Ruínas de uma igreja no município de São Miguel das Missões, estado do Rio Grande do Sul, 2017.

Passistas dançando frevo no município de Recife, estado de Pernambuco, 2016.

- As imagens acima retratam que tipos de patrimônio?

_____

_____

_____

6. Escolha um espaço público usado para atividades de lazer no bairro ou na cidade em que você vive e, em seu caderno, responda às questões a seguir.

a) Qual espaço você escolheu? Por quê?

b) Qual é a função desse espaço? Ele é usado para a prática de esportes, atividades artísticas, reuniões, passeios?

c) Você costuma frequentar esse local? Por quê?

d) Qual é o nome do lugar que você escolheu?

e) O nome desse local se refere a algum personagem ou evento histórico? Se sim, qual? Pesquise a história desse personagem ou evento.

f) Por que esse local é importante para a comunidade?

- Para ter mais informações, converse com um adulto e pesquise em livros, revistas, jornais e na internet. Se for possível, você também pode tirar fotografias ou representar o local escolhido por meio de desenhos.

UNIDADE 2
A formação das cidades

Vamos conversar

1. Circule de vermelho os objetos representados na imagem que não correspondem ao que existia há cerca de 200 anos.

FERNANDA OLIVER

43

CAPÍTULO 1 — Os primeiros grupos

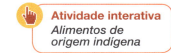
Atividade interativa
Alimentos de origem indígena

Indígenas

Há mais de quinhentos anos, os europeus encontraram, nas terras que depois seriam chamadas de Brasil, diferentes povos indígenas, cada qual com costumes e línguas próprios. Apesar da grande diversidade entre esses povos, algumas características eram comuns, como não considerar a terra uma propriedade particular. Para eles, a terra não podia ser comprada nem vendida.

Além disso, o produto do trabalho se destinava ao sustento da comunidade, e não ao comércio ou ao lucro.

Representação atual de indígenas colhendo mandioca.

Inicialmente, os portugueses estabeleceram mais contato com os indígenas do grupo Tupi. Nesse grupo, o trabalho era dividido entre homens e mulheres, e o chefe organizava as atividades. Os homens caçavam e derrubavam árvores para abrir terrenos. Neles, as mulheres plantavam mandioca, milho, batata-doce, entre outros alimentos. A pesca e a coleta de raízes e de frutos eram feitas por todos da aldeia, inclusive pelas crianças.

As moradias da aldeia, chamadas de malocas, geralmente eram organizadas de modo circular em torno de um pátio central.

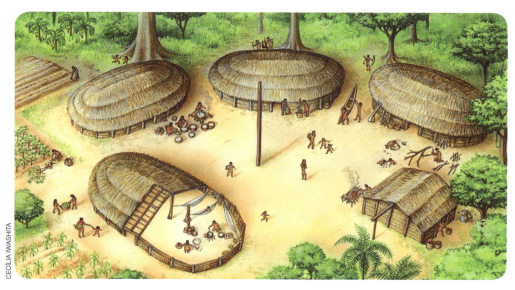
Representação atual de uma aldeia indígena nos anos 1500. As moradias eram construídas com palha e troncos de árvores, cobertas com folhas de palmeira e não apresentavam divisões internas.

Portugueses

A colonização foi a estratégia utilizada pelo governo português para explorar o território brasileiro.

O país colonizador era chamado de **metrópole**, e o território administrado e explorado pela metrópole era denominado **colônia**.

A função da colônia era produzir e fornecer mercadorias que pudessem enriquecer a metrópole.

Desembarque de Pedro Álvares Cabral em Porto Seguro, de Oscar Pereira da Silva, óleo sobre tela, 190 × 333 cm, 1922.

Os colonizadores portugueses utilizavam a mão de obra indígena para extrair uma árvore chamada pau-brasil, cuja tinta era usada para tingir tecidos e tinha muito valor na Europa.

Os portugueses se consideravam senhores da terra e achavam natural tomar posse dela e de seus habitantes, fazendo-os escravos.

Para os indígenas, a colonização portuguesa resultou na destruição de grande parte da população, no enfraquecimento da sua cultura e na perda de suas terras.

Africanos

Aos poucos, surgiram fazendas de produção de cana-de-açúcar. A principal mão de obra utilizada era de africanos capturados em suas terras de origem e trazidos para o Brasil. Aqui, eles eram escravizados e forçados a trabalhar nas lavouras por, pelo menos, 12 horas por dia.

Vieram ao Brasil milhões de africanos que povoaram grande parte do território e estabeleceram relações sociais, culturais e econômicas que, junto com indígenas e portugueses, constituem a base da identidade brasileira.

Negros no porão de navio negreiro, de Johann Moritz Rugendas, gravura publicada em *Viagem pitoresca através do Brasil*, 35,5 × 51,3 cm, 1835.

45

As vilas e a interação entre colonizadores e indígenas

A maioria das vilas era instalada no litoral, próxima de fontes de água, como rios e nascentes. Para sobreviver e aproveitar os recursos naturais, os portugueses adotaram os hábitos de diferentes povos indígenas que já estavam totalmente adaptados às condições da terra e ao clima. Veja alguns deles:

- Utilizavam as canoas indígenas para explorar os rios e aprenderam a manejar instrumentos, como o arco, a flecha e o tacape, para pescar e caçar.
- Cultivavam e consumiam alimentos da culinária indígena, como milho, feijão e mandioca.
- Moravam em casas de madeira ou de taipa de pilão e muitos dormiam em redes.

Com o tempo, na atual região do estado de São Paulo, foi criada a língua geral paulista, que era uma mistura da língua tupi com palavras do português.

A partir dos anos 1600, a língua geral foi adotada pela população, e indígenas, africanos e portugueses puderam se comunicar por meio de uma língua comum. Atualmente, essa língua é considerada extinta.

Ilustração atual representando moradias e estilo de vida de colonos em uma vila colonial. Na imagem, é possível identificar elementos da cultura indígena, como o consumo de mandioca e o hábito de cozinhar fora da casa.

A união de costumes

A formação cultural do Brasil aparece de forma marcante em algumas cidades. Em Salvador, por exemplo, as marcas do passado escravista estão preservadas nas igrejas das irmandades, que eram associações de ajuda entre africanos escravizados que buscavam a alforria. Ao mesmo tempo, a cidade preserva com orgulho a culinária de origem africana e tem como patrimônio histórico imaterial o processo de feitura do acarajé.

Além de Salvador, a arquitetura de grande parte das cidades mais antigas do Brasil remete ao casario típico de Portugal.

Rio de Janeiro, Brasil, 2016.

Lisboa, Portugal, 2017.

1 De que materiais era feita a maioria das casas de colonos?

_____

2 Por que os portugueses aprenderam vários costumes indígenas?

_____

3 Cite dois costumes que os portugueses aprenderam após o contato com os indígenas.

_____

> A curiosidade e o costume de **perguntar sempre** que se tem alguma dúvida é um hábito muito saudável. As grandes descobertas, os estudos e as experiências sempre partem de uma ou mais perguntas. Pergunte!

47

Para ler e escrever melhor

> O texto a seguir apresenta a **origem** de algumas palavras muito utilizadas na língua portuguesa.

Atualmente, a maneira mais utilizada para determinar a origem de um povo indígena é a análise da língua falada.

As línguas de povos indígenas que têm a mesma origem fazem parte de um grupo chamado **tronco linguístico**.

Os troncos linguísticos que têm maior quantidade de línguas são o Tupi e o Macro-Jê. Deles derivam diversas famílias compostas de várias línguas.

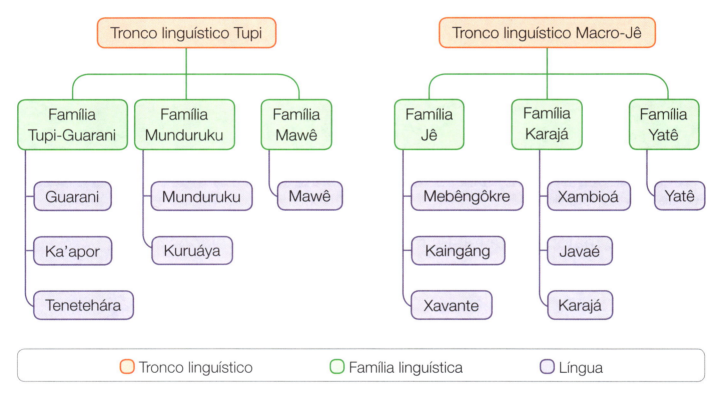

○ Tronco linguístico   ○ Família linguística   ○ Língua

Fontes: Instituto Socioambiental. Disponível em: <http://mod.lk/omwhw>. Acesso em: 14 maio 2018.
Aryon Dall'Igna Rodrigues. *Línguas brasileiras*: para o conhecimento das línguas indígenas. São Paulo: Edições Loyola, 2002.

A língua portuguesa falada no Brasil recebeu grande influência das línguas indígenas. Muitas das palavras que nomeiam plantas e animais são de origem indígena, pois foram eles que apresentaram aos portugueses a enorme variedade de espécies da fauna e da flora. Capivara, tamanduá e cajá são alguns exemplos.

Muitas cidades também receberam nomes de origem indígena, como Piracicaba, Jacuí e Itajubá.

48

1 Observe novamente o organograma da página 48 e responda em seu caderno.

a) Quais são os dois troncos linguísticos indígenas representados no organograma?

b) Quantas famílias linguísticas e quantas línguas indígenas estão representadas no organograma?

> **Você sabia?**
>
> Etimologia é o estudo da origem das palavras e seus significados ao longo do tempo. Por exemplo, a palavra **urubu** é de origem Tupi-Guarani e é formada pela junção dos termos "uru" (ave grande) e "bu" (negro).

2 Utilize o glossário a seguir para escrever o significado do nome de algumas cidades.

- **Ita:** pedra.
- **Una:** preta.
- **Tuba:** muita.
- **Indaia:** palmeira.
- **Uba:** fruta.

Ubatuba: _____

Itaúna: _____

Indaiatuba: _____

3 Pesquise a origem do nome da cidade em que você vive e anote no caderno o que descobriu.

Das vilas às cidades

Muitos portugueses que vieram ao Brasil tinham o objetivo de ocupar a terra e enriquecer: eram os colonos. A maior parte do trabalho pesado, porém, não era realizada por eles. Os colonos escravizavam indígenas e africanos, que trabalhavam na produção de açúcar, na roça, em serviços domésticos, no cuidado com o gado, entre outras atividades.

As vilas, então, foram surgindo onde havia atividade econômica. A Vila de São Vicente, fundada por Martim Afonso de Sousa, e primeiro núcleo de portugueses no Brasil, abrigava um engenho de cana-de-açúcar.

Em 1549, chegaram ao Brasil os membros de uma ordem religiosa chamada Companhia de Jesus, os jesuítas, que vieram para divulgar o catolicismo e fundar escolas. Em 1554, eles fundaram um colégio que deu origem à Vila de São Paulo de Piratininga, onde atualmente está a cidade de São Paulo.

Ilustração atual representando assentamento de jesuítas há mais de 400 anos. Antes de construir o colégio que deu origem à Vila de São Paulo de Piratininga, os jesuítas moravam em casas de madeira construídas pelos indígenas.

Pátio do Colégio, no município de São Paulo, estado de São Paulo, 2013. O colégio que deu origem à Vila de São Paulo sofreu várias modificações ao longo do tempo. Atualmente, abriga uma igreja, um museu e uma biblioteca.

Pátio do Colégio, de Benedito Calixto, óleo sobre tela, 35 × 60 cm, final dos anos 1800.

1 Quem eram os colonos e quais eram seus objetivos?

_____

_____

2 Por que os jesuítas vieram para o Brasil?

_____

3 Observe as imagens desta página e leia as legendas.

- Por que é importante para a história da cidade de São Paulo a preservação de parte do Pátio do Colégio?

_____

_____

Em 1549, o governo português enviou uma expedição ao Brasil, comandada por Tomé de Souza, para fundar a cidade de Salvador, no estado da Bahia. No lugar escolhido havia engenhos de açúcar nas proximidades e o solo era fértil para a agricultura.

A cidade seria a sede do governo português no Brasil – o local onde se estabeleceriam o governador, Tomé de Souza, e outros funcionários enviados pelo rei de Portugal.

Salvador foi construída no alto de um morro para dificultar os ataques de indígenas e de povos estrangeiros. Na parte mais alta seriam construídas as principais casas e os prédios ligados ao governo, como a Câmara Municipal e o palácio do governador. Na parte baixa, próxima ao mar, ficariam o restante das casas e os armazéns. As construções eram muito simples, todas feitas de barro amassado.

Para reforçar a segurança, ao redor da cidade foram construídos muros. Observe a planta da cidade e a legenda para localizar as principais construções.

Estátua de Tomé de Souza em frente à Câmara Municipal de Salvador, estado da Bahia, 2016.

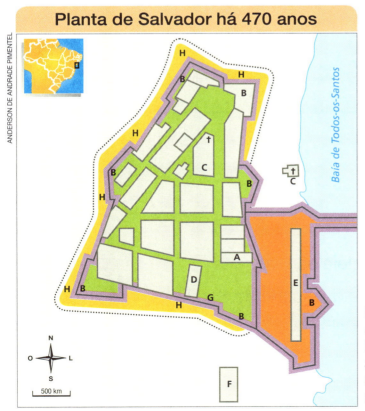

Planta de Salvador há 470 anos

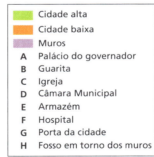

Cidade alta
Cidade baixa
Muros
A Palácio do governador
B Guarita
C Igreja
D Câmara Municipal
E Armazém
F Hospital
G Porta da cidade
H Fosso em torno dos muros

Atividade interativa
Construindo a primeira capital

Representação ilustrada de planta da cidade de Salvador em 1549.
Fonte: Avanete Pereira Sousa. *Salvador, capital da colônia*. São Paulo: Atual, 1995. p. 6.
(Ilustração fora de escala.)

4 Leia o texto, observe as imagens e responda às questões.

As partes mais antigas de Salvador são conhecidas como cidade alta e cidade baixa. Na parte de baixo, localizam-se um porto e um grande mercado. Na parte de cima, estão alguns dos mais importantes prédios históricos da cidade, como a Igreja de São Francisco e o Palácio Rio Branco.

S. Salvador/Baya de Todos os Santos, gravura de Claes J. Visscher e Hessel Gerritsz, 23,5 × 32 cm, 1624.

Vista parcial da cidade alta e da cidade baixa em Salvador, estado da Bahia, 2017.

a) Em sua opinião, por que alguns dos mais importantes prédios estão na parte alta da cidade e o mercado está na parte baixa?

_____

_____

_____

b) Quais são as semelhanças e as diferenças entre as duas imagens?

_____

_____

c) Salvador continua dividida em duas partes como no início de sua construção? Justifique.

_____

_____

O mundo que queremos

O registro do número de habitantes

Crescimento da população

As paróquias das vilas eram responsáveis pelos registros de nascimento, casamento e óbito, mas muitas pessoas moravam em lugares de difícil acesso e não registravam os filhos. Por isso, durante o período colonial, havia apenas cálculos aproximados do número de habitantes do Brasil.

De acordo com essas estimativas, em 1500 havia cerca de 15 mil pessoas; em 1600, o número aumentou para 100 mil habitantes; em 1700, esse número triplicou: eram 300 mil pessoas, e, em 1800, havia 3 milhões e 250 mil habitantes.

Analfabetismo

Em 1871 foi criada a Diretoria Geral de Estatística e, em 1872, foi realizado um censo demográfico para conhecer algumas características da população brasileira.

Além do número de habitantes, foi contabilizada a quantidade de analfabetos. A educação, naquele período, era pouco acessível: dos quase 10 milhões de habitantes no Brasil, cerca de 80% eram analfabetos.

> **Censo demográfico:** contagem geral da população.

Ilustração atual representando uma cidade há cerca de 300 anos.

54

Censo e planejamento

Desde 1936, os censos passaram a ser realizados pelo Instituto Brasileiro de Geografia e Estatística (IBGE). As informações coletadas pelo IBGE são muito importantes para que o governo possa planejar sua atuação. O governo pode saber, por exemplo, quantas pessoas não estão estudando, onde faltam escolas e tentar reverter essas situações.

1. Por que não era possível saber exatamente o número de habitantes do Brasil no período colonial?

2. Observe o gráfico ao lado.

   a) O gráfico traz dados sobre qual característica do povo brasileiro?

   b) O que mudou do ano de 1872 para o ano de 2010?

   c) Que utilidade essas informações têm para o governo brasileiro?

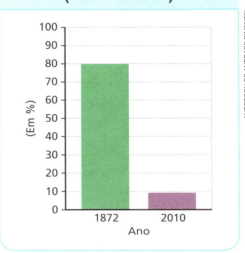

Fonte: Instituto Brasileiro de Geografia e Estatística (IBGE). Disponível em: <http://mod.lk/wyr8f>. Acesso em: 14 maio 2018.

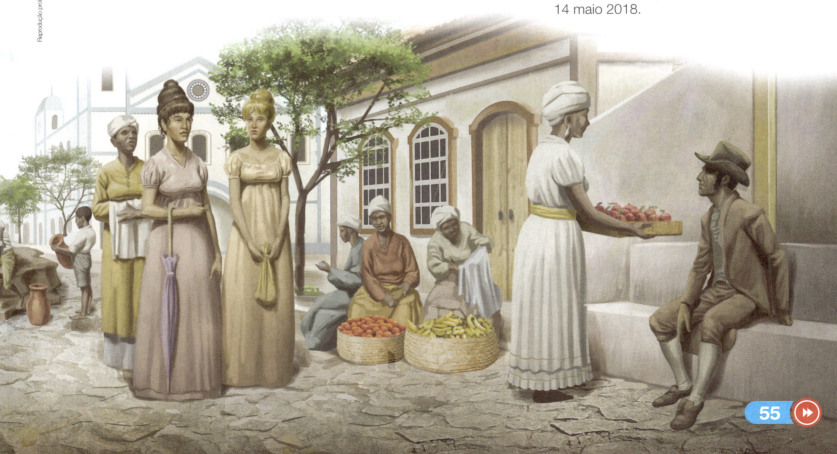

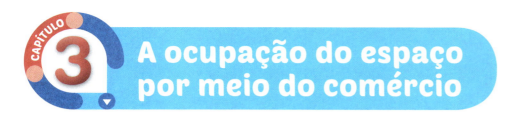

O bandeirante e a busca por riquezas

As primeiras vilas e cidades do Brasil foram estabelecidas próximas ao litoral. Para ocupar o interior e expandir as fronteiras territoriais da colônia, eram realizadas expedições, como as bandeiras.

Durante cerca de 200 anos, grupos de colonos paulistas organizaram as bandeiras em direção ao interior com o objetivo também de capturar indígenas e encontrar ouro, prata e outras pedras preciosas. Seus integrantes receberam o nome de bandeirantes.

Os colonos paulistas que integravam as bandeiras eram, geralmente, agricultores, pequenos comerciantes e aventureiros. Havia um grande número de colonos mamelucos e poucos colonos europeus.

Os indígenas capturados eram aprisionados e escravizados para trabalhar nas lavouras dos colonos, em serviços domésticos e nas próprias bandeiras como cozinheiros, caçadores e guias; sem eles, portanto, não haveria expedições. Eles sabiam diferenciar os frutos comestíveis dos venenosos e conheciam as ervas medicinais. Os bandeirantes também contavam com o apoio de aliados indígenas para ajudar na captura de povos inimigos.

Os bandeirantes costumavam parar para repousar em locais considerados seguros, que acabavam virando ponto de parada e de descanso para outras expedições.

Mameluco: pessoa com ascendência indígena e europeia.

Representação atual de acampamento de bandeirantes há cerca de 400 anos.

Os indígenas lutaram contra a escravidão e a perda de suas terras. Em geral, esses confrontos resultaram no extermínio de grande número de indígenas e na escravização de outros.

As maiores consequências das bandeiras foram a descoberta de minas de ouro, a expansão territorial da colônia e a escravização e morte de milhares de indígenas. Além disso, as bandeiras abriam caminhos e clareiras nas matas e, em vários desses locais, foram surgindo povoados, que mais tarde se tornaram vilas e cidades, como é o caso de Pirapora do Bom Jesus, Cabreúva e Itu, no estado de São Paulo.

Mamelucos conduzindo prisioneiros índios, gravura de Jean-Baptiste Debret, 21 × 32,5 cm, 1834-1839.

1. Observe a pintura e leia a legenda para responder às questões.

Combate aos Botocudos, litografia de Jean-Baptiste Debret, 25,7 × 34,9 cm, 1834. A pintura mostra um conflito entre bandeirantes e indígenas do planalto paulista.

a) Qual acontecimento é representado na pintura?

b) Quais eram os objetivos das bandeiras?

c) Quem eram os bandeirantes?

Sempre que tiver oportunidade, observe com cuidado a situação apresentada. Depois de observar e de refletir, **organize as ideias** e explique para você mesmo o que entendeu. Cumpridas essas etapas, partilhe oralmente as suas conclusões ou registre-as, de maneira organizada, no caderno.

Os tropeiros

Há cerca de 300 anos, as regiões de mineração de ouro e de pedras preciosas começaram a ser exploradas e ocupadas. Entretanto, nesses lugares, não havia produção suficiente de alimentos, de roupas nem de ferramentas de trabalho para a população.

Para abastecer essas regiões, havia os tropeiros, que eram grupos formados por homens livres e escravizados. Eles transportavam no lombo de mulas e burros as mercadorias produzidas em outras partes da colônia até a região das minas.

Uma das rotas mais utilizadas pelos tropeiros era o Caminho do Viamão, que partia de fazendas de gado da atual cidade de Viamão, no Rio Grande do Sul, em direção à atual cidade de Sorocaba, no estado de São Paulo. Chegando a esse local, as mercadorias eram negociadas e novas tropas eram formadas para transportar produtos até a região das minas. De lá, partiam outras tropas, que levavam ouro e pedras preciosas até os centros comerciais próximos aos portos para exportação.

Os pousos eram locais de descanso dos tropeiros e ficavam próximos de rios onde existisse pasto para alimentar os animais. Muitas vezes, os tropeiros permaneciam nos locais de pouso por até seis meses, por isso, nesses lugares, desenvolveram-se feiras e vilarejos, que, mais tarde, deram origem a cidades.

Caravana de mercadores indo à Tijuca, gravura de Johann Moritz Rugendas, 31,5 × 23 cm, 1825.

2 Qual foi a importância dos tropeiros para o desenvolvimento de algumas cidades?

Os vaqueiros

Os primeiros rebanhos de gado que se desenvolveram na atual Região Nordeste do Brasil geralmente ficavam próximos às plantações de cana-de-açúcar no litoral. Como o gado ficava solto, era comum os bois entrarem nas plantações e as destruírem. Para manter os bois longe das plantações, eles foram levados ao interior, onde foram instaladas fazendas de gado. A grande maioria dessas fazendas era estabelecida em regiões próximas a rios. O vale do rio São Francisco, por exemplo, foi ocupado por causa da expansão da pecuária.

Para comercializar os animais, os vaqueiros percorriam distâncias enormes entre as fazendas de gado e os engenhos. Com o tempo, eles foram abrindo diversas rotas entre o litoral e o sertão.

Durante o trajeto, os vaqueiros paravam para descansar com as tropas e se alimentar. Nesses pontos de descanso, casas pequenas e ranchos foram construídos, formando povoados. Com o passar do tempo, os povoados foram atraindo um número cada vez maior de pessoas, e muitos deles tornaram-se vilas. Mais tarde, essas vilas deram origem a cidades.

Ilustração atual representando vaqueiro há 200 anos acompanhando o gado no interior do Nordeste.

3 Quais foram as consequências do deslocamento dos rebanhos de bois para o interior?

Como as pessoas faziam para...

Comprar produtos para o dia a dia

No Brasil colonial, havia muita dificuldade para comprar mantimentos, roupas e utensílios domésticos e de trabalho. As distâncias entre vilas e cidades dificultavam o comércio. Por isso, os lugares de pouso dos tropeiros tornaram-se ponto de encontro de comerciantes e pequenos produtores. Nesses locais, desenvolveram-se feiras e novos vilarejos, que, mais tarde, deram origem a outras cidades.

O atravessador comprava grande quantidade de mercadorias a preço baixo e as revendia por preços mais altos.

Além de conduzir tropas para vender mulas e gado, os tropeiros levavam outras mercadorias para comercializar, como carne-seca, cachaça e farinha, e abasteciam armazéns que vendiam alimentos, peças de vestuário e utensílios domésticos.

As feiras também atraíam artistas e pessoas à procura de emprego.

Ilustração representando uma feira e local de pouso no interior do Brasil há 300 anos.

CAPÍTULO 4 — A preservação das primeiras formações urbanas

Cada cidade tem uma história diferente, considerando a sua origem, as atividades econômicas que influenciaram seu crescimento, os habitantes, os tipos de construções e os lugares de convivência, além dos costumes da população.

Em algumas cidades, pode existir uma construção antiga que é considerada um **patrimônio**. Isso significa que a construção é importante para a história do local.

Patrimônio é o conjunto de bens materiais e imateriais que revelam a história de um lugar, de seu povo e a sua relação com o ambiente. Também apresenta marcas valiosas do passado que devem ser preservadas e transmitidas para as futuras gerações.

Ao obter o título de patrimônio, a construção recebe proteção e tratamento especiais para a sua preservação, como a Casa do Butantã. Ela foi construída no período colonial brasileiro, nos anos 1700, com a técnica de taipa de pilão. A construção representa um dos modelos típicos de moradias rurais paulistas de quando a cidade de São Paulo ainda era uma vila com algumas poucas casas e sítios.

Casa do Butantã, município de São Paulo, estado de São Paulo, 2011. A Casa do Butantã ou Casa do Bandeirante é um patrimônio histórico da cidade de São Paulo. Ela foi construída há cerca de 280 anos e, atualmente, faz parte do conjunto de edifícios que abrigam o Museu da Cidade de São Paulo.

Em alguns casos, não só uma construção, mas todo um conjunto urbano pode ser considerado patrimônio. O centro histórico da cidade de Diamantina, em Minas Gerais, é protegido por ser um importante testemunho da busca por pedras preciosas no período colonial.

Centro histórico do município de Diamantina, estado de Minas Gerais, 2016. A cidade foi um grande centro de extração de diamantes no período colonial.

1 O que é patrimônio?

2 Reúna-se com um colega e escolham uma construção importante da cidade em que vocês moram. Depois, respondam às questões.

a) Qual é o nome da construção que vocês escolheram?

b) Quando ela foi construída?

c) Onde ela está localizada?

d) Por que vocês escolheram essa construção?

e) Para que ela é utilizada atualmente?

f) A construção já teve uma função diferente no passado?

g) Por que ela é importante para a comunidade?

O meio ambiente é considerado **patrimônio público** e deve ser protegido para o uso coletivo.

O **patrimônio natural** é composto de paisagens naturais, da fauna, da flora, dos minerais, entre outros elementos, os quais devem ser preservados pela sociedade. Muitas vezes, as atividades humanas são determinadas e influenciadas pelas condições naturais do lugar em que a comunidade está inserida.

O arquipélago de Fernando de Noronha é considerado patrimônio natural. Estado de Pernambuco, 2014.

O **patrimônio histórico material e imaterial** é o conjunto de bens que contam a história de um povo por meio de objetos (bens materiais) e de saberes produzidos pela humanidade (bens imateriais). Ele é importante para manter viva a memória coletiva de uma sociedade.

- Os **patrimônios históricos materiais** são representados por conjuntos arquitetônicos, vestimentas, mobílias, utensílios, armas, ferramentas, meios de transporte, obras de arte, documentos, entre outros elementos.

O conjunto formado por igrejas, pontes, casarões e fontes de água compõe o patrimônio histórico material do município de Ouro Preto. Estado de Minas Gerais, 2015.

- Os **patrimônios históricos imateriais** são os costumes, as comidas típicas, as práticas religiosas, as festas, os cantos, as danças, a linguagem, entre outras manifestações artísticas e criativas de um povo. Podem ser transmitidos oralmente e são reproduzidos e modificados ao longo da história.

O ofício das baianas do acarajé é um patrimônio imaterial que foi registrado em 2005 pelo Instituto do Patrimônio Histórico e Artístico Nacional (Iphan). Município de Salvador, estado da Bahia, 2013.

3 Pesquise com seus colegas um patrimônio histórico material e um imaterial da região em que vocês vivem.

_____

_____

4 Classifique as imagens de acordo com a legenda a seguir.

 PN Patrimônio natural.
 PHI Patrimônio histórico imaterial.
 PHM Patrimônio histórico material.

Ruínas de uma igreja em São Miguel das Missões, Rio Grande do Sul, 2015.

Passistas dançando frevo, Olinda, Pernambuco, 2015.

Vista das Cataratas do Iguaçu, Foz do Iguaçu, Paraná, 2015.

Vista aérea da Mata Atlântica, Porto Seguro, Bahia, 2012.

Grupo jogando capoeira, Salvador, Bahia, 2014.

Pinturas rupestres na Serra da Capivara, Piauí, 2015.

Abastecimento de água

A população das primeiras vilas e cidades precisava se locomover até rios e outras fontes naturais próximas para buscar água e abastecer as moradias. Por isso, foram construídos aquedutos, canais que conduziam a água até bicas, fontes e chafarizes públicos nos centros e praças das cidades.

As fontes e os chafarizes foram o principal meio de abastecimento de água da população por cerca de 200 anos. Eles eram utilizados para atender as necessidades cotidianas, como lavar roupas, banhar animais, saciar a sede de mulas e cavalos e abastecer as residências e os comércios. O transporte de água era feito em barris de madeira por diversos trabalhadores, a maioria deles africanos escravizados que abasteciam as residências de seus proprietários ou de quem pagasse pelo serviço.

Uma das obras mais relevantes do Brasil no período colonial foi a construção do Aqueduto da Carioca em 1723, na cidade do Rio de Janeiro. O aqueduto, conhecido hoje como Arcos da Lapa, levava a água do Rio Carioca até um chafariz no atual Largo da Carioca. A obra é considerada patrimônio histórico por ser um dos mais importantes monumentos da cidade.

Carregadores de água, litografia de Johann Moritz Rugendas, 19,3 × 27,6 cm, 1835.

Arcos da Lapa. Município do Rio de Janeiro, estado do Rio de Janeiro, 2017.

Atualmente, nas cidades, a maioria das moradias é abastecida com água encanada e, por isso, as fontes e os chafarizes foram perdendo sua antiga função. No entanto, algumas dessas fontes também foram preservadas como patrimônio histórico por fazerem parte da memória do cotidiano dessas populações.

Chafariz de São José. Município de Tiradentes, estado de Minas Gerais, 2016. O chafariz foi construído em 1749 e possui bebedouro de animais e bicas para lavadeiras.

5 No período colonial, onde a população obtinha água?

_____

6 Como a água era transportada até as moradias?

_____

_____

7 Observe a imagem, leia o texto e responda à questão.

A Fonte da Carioca, localizada no município de Laguna, no estado de Santa Catarina, foi construída em 1863. Em 2010, a fonte foi revitalizada pela prefeitura e passou a fornecer água potável. Em 2017, uma empresa foi contratada para fazer a análise da água, que até hoje é consumida por quem passa pelo local.

- Quais são as diferenças e semelhanças entre o uso de fontes públicas pela população no passado e atualmente?

_____

_____

_____

_____

Fonte da Carioca. Município de Laguna, estado de Santa Catarina, 2016.

O que você aprendeu

- Os colonos portugueses vieram para o Brasil com o objetivo de ocupar a terra e enriquecer.
- Para sobreviver e aproveitar os recursos naturais, os colonos adotaram os hábitos dos indígenas.
- Cada cidade tem uma história diferente, considerando as atividades econômicas que influenciaram seu crescimento e os costumes da população.
- Patrimônio é o conjunto de bens materiais e imateriais que revelam a história de um lugar, de seu povo e a sua relação com o ambiente.

 1 Pinte os quadrinhos de acordo com a legenda.

🟦 Aspectos do modo de vida dos colonos nas vilas coloniais.

🟧 Quem realizava os trabalhos pesados na colônia.

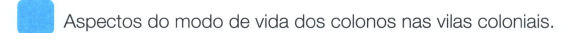

 Morar em casas de madeira e taipa de pilão.

 Consumir milho, feijão e mandioca.

 Indígenas.

 Africanos escravizados.

 Dormir em redes, como os indígenas.

 Utilizar utensílios como potes de barro e cestos de palha.

Observe o mapa histórico e responda às questões.

Demonstração da Barra de Santos, mapa de João Teixeira Albernaz, o moço, anos 1600.

- Quais vilas do Brasil colonial foram representadas no mapa?
- No mapa há o nome de vários rios. Explique a importância dos rios para as vilas e as cidades no Brasil colonial.

  Leia as informações do quadro e responda às questões.

- A Vila de São Vicente foi fundada em 1532 por Martim Afonso de Sousa.
- A cidade de Salvador foi fundada em 1549 por Tomé de Sousa.
- A Vila de São Paulo de Piratininga foi fundada em 1554 por padres jesuítas.

a) Qual localidade foi fundada por religiosos?

b) Qual localidade foi fundada para ser a sede do governo português na colônia?

c) Qual foi a primeira localidade a ser fundada?

4 Leia o trecho a seguir e observe a imagem.

As diferenças entre retrato e retratado

Um herói. É esse o modelo que transpira da pose altiva, do olhar penetrante, das armas novas e da roupa impecável do bandeirante Domingos Jorge Velho, retratado por Benedito Calixto na pintura [...]. Mas o desbravador não era branco, e sim mameluco, fruto da mestiçagem entre portugueses e índios. Usava tão bem o arcabuz, sua arma de fogo, quanto o arco e a flecha, que aprendeu a manusear com os nativos. Falava mais tupi do que português, como a maioria dos paulistas.

Revista *Nova Escola*. Disponível em: <http://mod.lk/dv6lr>. Acesso em: 15 maio 2018.

Domingos Jorge Velho [e o tenente Antônio Fernandes de Abreu], de Benedito Calixto, óleo sobre tela, 158 × 120 cm, 1903.

a) Descreva o bandeirante Domingos Jorge Velho com base na tela de Benedito Calixto.

b) Como é a aparência de Domingos Jorge Velho descrita no texto? Quais armas ele usava?

5 Circule a resposta correta de cada item a seguir.

a) Realizavam expedições para capturar indígenas e encontrar pedras preciosas.

    Vaqueiros   Tropeiros   Bandeirantes

b) Trabalhadores responsáveis por levar a boiada para o interior da colônia.

    Bandeirantes   Vaqueiros   Tropeiros

c) Transportavam mercadorias para a região das minas.

    Indígenas   Vaqueiros   Tropeiros

d) Foram escravizados e trabalhavam para os colonos.

    Vaqueiros   Bandeirantes   Indígenas

6 Quais foram as principais consequências das bandeiras?

_____

_____

7 O que é patrimônio natural?

Parque Nacional do Pico da Neblina. Estado do Amazonas, 2012.

_____

_____

_____

_____

_____

8 Observe a imagem e leia a legenda para responder à questão.

Município de Salvador, estado da Bahia, 2017. O centro histórico da cidade possui uma paisagem herdada do período colonial. As construções, como os sobrados de dois ou mais andares, são exemplos típicos da cultura portuguesa.

- Por que o conjunto de construções do centro histórico da cidade de Salvador é considerado patrimônio nacional?

_____

_____

Atividade divertida

Marque um **X** em verdadeiro ou falso e teste o seu nível de conhecimento sobre a **formação das cidades**. Depois, confira as respostas com o professor e descubra se você é um historiador nato.

1. A maioria das vilas era instalada no interior, distante de fontes de água.

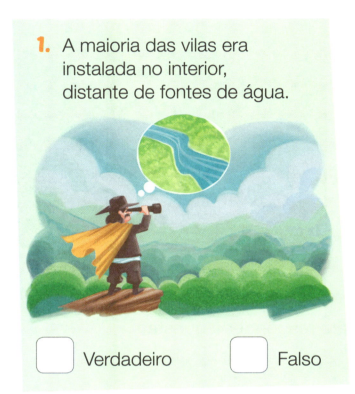

☐ Verdadeiro ☐ Falso

2. Para se adaptar ao clima, os colonos adotaram alguns hábitos indígenas, como dormir em redes.

☐ Verdadeiro ☐ Falso

3. A maior parte do trabalho pesado era realizada pelos colonos.

☐ Verdadeiro ☐ Falso

4. Graças aos celulares, a comunicação entre vilas e cidades afastadas foi facilitada.

☐ Verdadeiro ☐ Falso

5. Os tropeiros passavam muito tempo nos locais de pouso, que acabaram transformando-se em vilas, que deram origem às cidades.

☐ Verdadeiro ☐ Falso

6. Os vaqueiros usavam motocicletas para conduzir rebanhos de bois ao interior.

☐ Verdadeiro ☐ Falso

7. Os bandeirantes ensinavam os indígenas a andar na mata e a reconhecer frutos comestíveis.

☐ Verdadeiro ☐ Falso

8. Por muito tempo, as fontes e os chafarizes foram responsáveis pelo abastecimento de água da população.

☐ Verdadeiro ☐ Falso

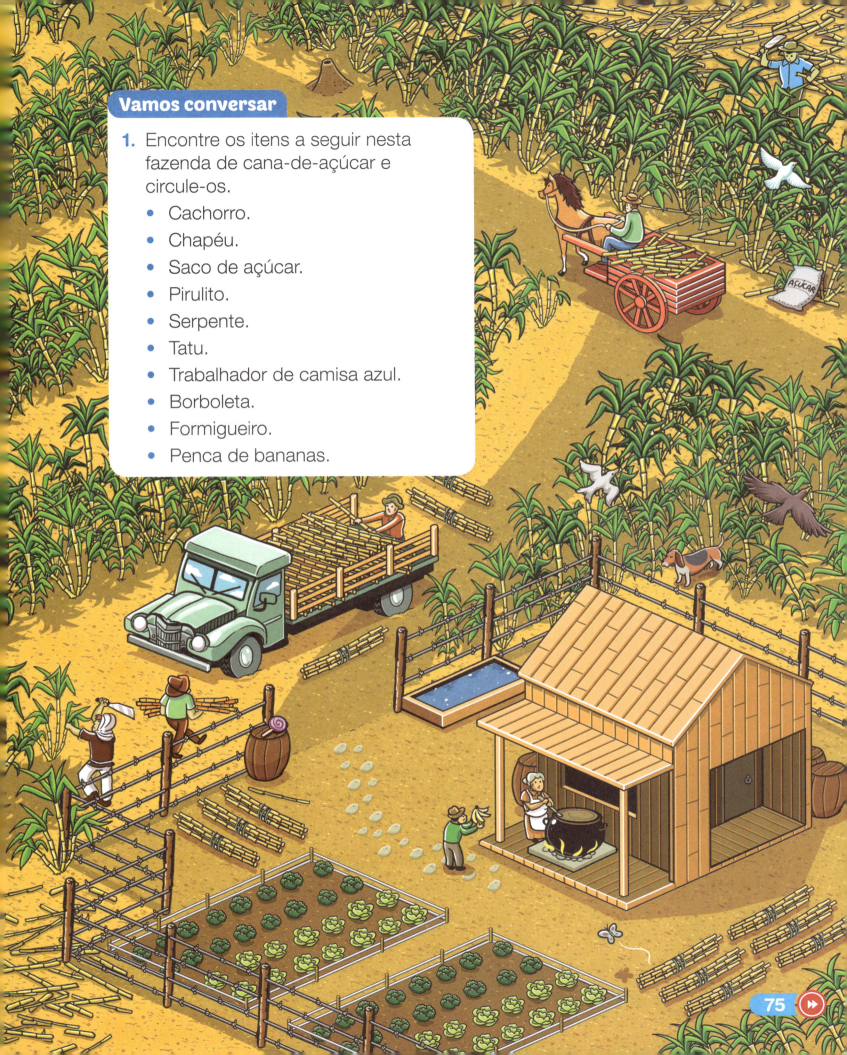

Vamos conversar

1. Encontre os itens a seguir nesta fazenda de cana-de-açúcar e circule-os.
   - Cachorro.
   - Chapéu.
   - Saco de açúcar.
   - Pirulito.
   - Serpente.
   - Tatu.
   - Trabalhador de camisa azul.
   - Borboleta.
   - Formigueiro.
   - Penca de bananas.

CAPÍTULO 1
As grandes plantações: a cana-de-açúcar

Há cerca de 500 anos, durante o período colonial, os colonizadores portugueses decidiram montar no Brasil engenhos para produzir açúcar, artigo muito valorizado na Europa naquela época. Algumas regiões que hoje fazem parte do Nordeste brasileiro apresentavam clima e solo favoráveis ao cultivo da cana-de-açúcar, fatores que ajudaram o negócio a prosperar.

Moagem da cana na Fazenda Cachoeira, em Campinas, de Benedito Calixto, óleo sobre tela, 105 × 136 cm, anos 1880.

As plantações de cana-de-açúcar eram feitas em grandes propriedades rurais de monocultura, que praticavam o desmatamento de toda a região para que fosse cultivada apenas uma espécie de planta. Apesar de facilitar a produção, a monocultura empobrece o solo e reduz seus nutrientes, tornando, aos poucos, a terra infértil.

Para trabalhar nas plantações e nos engenhos, os portugueses escravizaram populações africanas, que eram enviadas ao continente americano por meio de um intenso tráfico de pessoas. A venda do açúcar na Europa e o comércio de pessoas escravizadas davam muito lucro a Portugal e aos comerciantes.

Na década de 1570, cerca de 60 engenhos foram construídos no território brasileiro, mas esse número seria quatro vezes maior em menos de cem anos. Apesar de passar por diversas instabilidades de mercado, a produção de açúcar sempre esteve entre as mais importantes atividades de nossa economia colonial.

1 Por que o governo português resolveu cultivar cana-de-açúcar no Brasil?

_____

_____

Ilustração atual representando um engenho colonial de açúcar há cerca de 300 anos.
Fonte: Nelson Aguilar (Org.). *Mostra do redescobrimento*: o olhar distante. São Paulo: Associação Brasil 500 Anos. Artes Visuais, 2000. p. 98.

O trabalho na lavoura

Nas plantações de cana-de-açúcar, os africanos escravizados realizavam atividades pesadas, como derrubar a mata, preparar o solo, plantar e colher a cana, cortar lenha, construir cercas e poços.

Eles dormiam amontoados na senzala, local onde moravam, sem condições de higiene nem conforto. Os africanos escravizados eram submetidos a várias formas de violência, como castigos físicos e até a morte. Eles não suportavam essa situação e, por isso, muitos fugiam. Alguns eram recapturados e sofriam com mais castigos.

Resistência à escravidão

Os africanos escravizados lutaram e resistiram contra o cativeiro queimando lavouras e promovendo revoltas e fugas isoladas, por exemplo. Havia também as fugas de grupos, que depois formavam povoados organizados, conhecidos como quilombos. Nesses locais, além dos escravos fugidos, viviam alguns indígenas e pessoas livres pobres.

O mais conhecido, e um dos maiores, foi o Quilombo dos Palmares, criado há mais de 350 anos, na Serra da Barriga, no atual estado de Alagoas. Palmares existiu por cerca de 90 anos, até ser destruído em 1694 por uma expedição bandeirante.

2 Quais eram as condições de vida dos escravizados?

3 Por que era utilizada a mão de obra de uma grande quantidade de africanos escravizados no engenho?

Ilustração atual representando um quilombo há cerca de 300 anos.

Réplicas de construções que utilizam técnicas de origem indígena, importantes para a criação dos quilombos. Parque Memorial Quilombo dos Palmares, no município de União dos Palmares, estado de Alagoas, 2015.

4 Cite algumas formas de resistência contra a escravidão praticadas por africanos escravizados.

_____
_____
_____
_____

5 Observe a imagem desta página e responda.

- Trata-se de uma construção de mais de 300 anos ou atual? Justifique sua resposta.

_____
_____
_____
_____

Para ler e escrever melhor

O texto a seguir explica **o que** são, **onde** estão localizadas e quais os **objetivos** das comunidades quilombolas hoje.

Quilombolas reunidos para celebrar o Dia da Consciência Negra. Quilombo Maria Romana, município de Cabo Frio, estado do Rio de Janeiro, 2015.

Comunidades quilombolas

Quilombos eram locais de abrigo de escravos fugidos de engenhos e de fazendas. Nessas comunidades, os africanos escravizados conseguiam resgatar e transmitir livremente suas heranças culturais africanas sem sofrer castigos. Atualmente ainda existem remanescentes desses agrupamentos que preservam os costumes, a língua e a religiosidade dos antepassados africanos. Elas são denominadas comunidades quilombolas, comunidades negras rurais, quilombos remanescentes ou quilombos contemporâneos.

As terras dessas comunidades podem ter sido compradas, doadas, recebidas como herança ou como pagamento e estão localizadas tanto em áreas rurais como em áreas urbanas.

A Constituição Federal (conjunto de leis do país) de 1988 garantiu a essas comunidades a posse das terras que ocupam, com o objetivo de valorizar a cultura afro-brasileira e evitar que ela se perca com o passar do tempo.

Audiovisual
Inventário Cultural de Quilombos do Vale do Ribeira

É muito importante informar-se sobre a realidade de outras pessoas antes de emitir uma opinião sobre isso. Esse cuidado possibilita o sentimento de **empatia**, de colocar-se no lugar do outro, em relação a situações que não fazem parte de nosso cotidiano, como é o caso de viver em uma comunidade quilombola.

1 O que são comunidades quilombolas?

_____
_____
_____

2 Onde estão localizadas as comunidades quilombolas?

_____
_____

3 Que leis garantem a preservação das comunidades quilombolas no Brasil? Por quê?

_____
_____
_____
_____
_____

4 Você preserva algum costume que herdou de seus antepassados? Escreva um pequeno texto para explicar o que é esse costume, de onde você o herdou (de um lugar, da família, de outros grupos de convívio) e qual é o objetivo de se manter costumes ou características dos antepassados.

_____
_____
_____
_____

CAPÍTULO 2 — Pecuária e ocupação do interior

Atividade interativa
Complete a vestimenta do vaqueiro

No Brasil, a ocupação do território pelos colonizadores começou no litoral, com a extração do pau-brasil e com a produção de açúcar. Lentamente, o interior também foi sendo povoado e a expansão da pecuária foi um fator importante para que isso ocorresse.

O gado bovino era utilizado para transportar a cana das plantações até o engenho e para mover a moenda, equipamento que moía a cana. A carne e o leite serviam de alimento para a população local. Com o couro, fabricavam-se roupas e outros objetos usados no cotidiano.

Em 1701, o governo português criou uma lei que proibia a criação de gado perto do litoral para evitar que os bois entrassem nos canaviais para se alimentar e destruíssem as plantações de cana.

Os criadores de gado levaram, então, os animais para lugares mais distantes dos engenhos, em direção ao interior, onde havia bastante água e campos de pastagem para os rebanhos se alimentarem. Com o tempo, muitas fazendas de gado surgiram.

Fonte: Nelson Aguilar (Org.). *Mostra do redescobrimento*: o olhar distante. São Paulo: Associação Brasil 500 Anos. Artes Visuais, 2000. p. 98.

Ilustração atual retratando vaqueiro acompanhando o gado nos anos 1700.

1. Por quais motivos os vaqueiros transferiam o gado para regiões como a mostrada na imagem?

O Rio São Francisco, de Frans Post, óleo sobre tela, 60 × 88 cm, 1639.

2. Como as áreas que hoje correspondem ao interior da Região Nordeste foram ocupadas pelos colonizadores?

3. Em quais situações o gado bovino era utilizado?

4. Qual foi a medida adotada pelo governo português em 1701? Qual foi a consequência dessa medida?

Ocupação da terra e colonização

No início da colonização, alguns nobres e ricos portugueses receberam lotes de terras no Brasil, as chamadas **capitanias hereditárias**. Conhecidos como donatários, eles podiam distribuir o direito de uso da terra a algumas pessoas. As terras doadas eram chamadas de sesmarias (antiga medida de terras) e quem as recebia era chamado de sesmeiro.

No litoral da Bahia, muitos sesmeiros não habitavam suas terras. A maioria delas foi ocupada por vaqueiros, que praticavam a pecuária, e por roceiros, que plantavam pequenas roças.

Com o tempo, muitos vaqueiros, mestiços de portugueses com indígenas, construíram fazendas de gado, que foram se expandindo pelo interior. Houve muitas disputas e conflitos entre esses colonos e os grupos de indígenas que lá viviam.

Ocupação de terras indígenas e resistência

Grande parte das terras localizadas perto do Rio Parnaíba (no atual estado do Piauí) e do Rio São Francisco (no atual estado da Bahia) era ocupada por grupos de indígenas Cariri, que já viviam no local muito antes da chegada dos portugueses. Eles se reuniram, formando a Confederação dos Cariri, e lutaram contra os colonos que queriam tomar suas terras para instalar fazendas.

Iniciada em 1686, a revolta se espalhou pela região dos atuais estados do Rio Grande do Norte, da Paraíba e do Ceará. A luta durou muito tempo, até que, em 1713, tropas paulistas derrotaram a Confederação dos Cariri. Com a derrota e o avanço das fazendas de gado, os indígenas que sobreviveram foram catequizados ou escravizados, e alguns conseguiram se refugiar no interior.

Detalhe de *Dança tapuia*, de Albert Eckhout, óleo sobre madeira, 168 × 294 cm, anos 1700. Os Cariri eram chamados de Tapuia pelos não indígenas e pelos indígenas do grupo Tupi.

5 Observe as imagens a seguir. Que grupo está representado? O que mudou e o que permaneceu igual, apesar da diferença de quase 200 anos entre uma imagem e outra?

Sertanejo ou vaqueiro do sertão de Pernambuco, de Charles Landseer, aquarela e lápis, 38,5 × 21,1 cm, 1827.

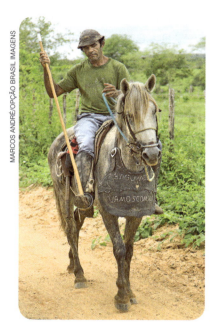

Vaqueiro do município de Antas, estado da Bahia, 2015.

6 Quem vivia nas terras que os vaqueiros começaram a ocupar? Por que houve conflitos nessas terras?

_____
_____
_____

7 O que foi a Confederação dos Cariri?

_____
_____
_____

8 O que ocorreu com os indígenas após o conflito com os portugueses?

_____
_____
_____

85

O mundo que queremos

A preservação da cultura indígena

Quando os portugueses chegaram ao território que atualmente forma o Brasil, havia cerca de cinco milhões de indígenas. Ao longo do tempo, durante o contato entre esses povos, grande parte da população indígena foi morta ou escravizada.

Atualmente, as populações indígenas lutam para preservar sua cultura. Então, para restaurar e fortalecer a própria identidade e preservar sua forma de ver o mundo, a escola indígena surgiu como uma necessidade para educar crianças e jovens, tanto para conviver com a sociedade não indígena como para entender suas origens culturais.

Na escola indígena, os alunos aprendem a língua e as tradições do seu povo, além de estudar a língua portuguesa e disciplinas comuns, como Matemática, História e Ciências. O objetivo é que essas pessoas estejam preparadas para entender os não indígenas e defender os seus direitos, sem perder as suas raízes ancestrais.

Ilustração representando encontro nacional de culturas indígenas para preservação da identidade.

86

1. O que aconteceu com os povos indígenas após a chegada dos portugueses?

___

___

2. Por que a escola indígena é importante para esses povos?

___

___

___

3. Leia o texto a seguir e marque a alternativa correta.

A escola indígena

A escola indígena, além de abordar muitos conteúdos que os não índios aprendem, ensinar a fazer conta, a ler e a escrever na língua indígena, também passou a incluir os conhecimentos locais na sala de aula. Os alunos aprendem, por exemplo, como usar os recursos naturais e cuidar do ambiente e do território onde vivem, aprendem sobre a história de seus antepassados, seus mitos etc. [...]

Indígenas do grupo Kayapó em sala de aula na Aldeia Moikarako. Município de São Félix do Xingu, estado do Pará, 2016.

A escola pode ajudar a valorizar as línguas indígenas? Em: *Jeitos de aprender*. Mirim – Povos indígenas do Brasil. Disponível em: <http://mod.lk/aprenind>. Acesso em: 11 abr. 2018.

☐ A escola indígena tem como objetivo a catequização.

☐ Os professores indígenas ensinam apenas sobre sua cultura.

☐ Os alunos aprendem sobre a sua cultura e sobre a cultura dos não indígenas.

CAPÍTULO 3. A cafeicultura e a formação da população

O café começou a ser produzido com o objetivo de ser exportado para a Europa e para os Estados Unidos a partir de 1830, nos estados do Rio de Janeiro e de São Paulo. As principais áreas de cultivo localizavam-se na região do Vale do Rio Paraíba do Sul.

Com o tempo, o cultivo do café se expandiu para Minas Gerais, Espírito Santo, Paraná e Mato Grosso do Sul. Esse aumento da produção levou à construção de ferrovias para agilizar o transporte do interior até os portos no litoral.

Fonte: ARRUDA, José Jobson. *Atlas histórico básico*. São Paulo: Ática, 1995. p. 43.

Tráfico interno

Eram necessários muitos trabalhadores para a produção de café e os proprietários exploravam o trabalho dos escravizados. Em 1850, o tráfico de escravizados trazidos diretamente da África foi proibido e os fazendeiros começaram a buscá-los no Nordeste, onde a produção de açúcar diminuía.

Colhedores de café. Marc Ferrez. Estado do Rio de Janeiro, 1882.

Imigrantes

Os fazendeiros e o governo começaram a incentivar a vinda de imigrantes europeus e asiáticos, que começaram a chegar em grande número em meados de 1880. Os imigrantes eram trabalhadores livres, mas deviam ceder parte da produção aos donos das terras que cultivavam; depois, passaram a receber pagamento pelas tarefas realizadas.

Você sabia?

Os imigrantes que chegaram ao Brasil há cerca de 150 anos eram de diversas nacionalidades: italianos, portugueses, espanhóis, alemães, poloneses, libaneses, japoneses, entre outros. Uma parte deles se fixou em núcleos coloniais, em especial nas regiões Sul e Sudeste, e em pequenas propriedades. Eles formaram comunidades que, mais tarde, deram origem a cidades.

Município de Blumenau, estado de Santa Catarina, 2017. A cidade foi fundada por imigrantes alemães.

1 Numere os acontecimentos na ordem correta.

☐ Fazendeiros compravam trabalhadores escravizados no Nordeste para trabalhar na produção de café.

☐ Imigrantes europeus e asiáticos vieram ao Brasil para trabalhar nas plantações de café.

☐ O café começou a ser cultivado nos estados do Rio de Janeiro e de São Paulo.

☐ A lavoura cafeeira se expandiu para Minas Gerais, Espírito Santo, Paraná e Mato Grosso do Sul.

2 Por que os fazendeiros passaram a buscar trabalhadores escravizados no Nordeste e incentivaram a vinda de imigrantes?

_____

_____

Condições de vida e de trabalho dos imigrantes

Há cerca de 150 anos, imigrantes de diversas nacionalidades foram atraídos ao Brasil por meio de propagandas que oferecem trabalho, terras e oportunidades para melhorar suas condições de vida.

Um grande número de imigrantes foi enviado para trabalhar nas fazendas de café do estado de São Paulo. Os fazendeiros, acostumados ao regime escravista, ofereciam condições de trabalho muito desfavoráveis aos recém-chegados. Os salários eram baixos, os pagamentos atrasavam, as moradias eram precárias e, geralmente, não havia escolas nem assistência médica para os imigrantes.

Colônia de imigrantes europeus. Município de Santa Leopoldina, estado do Espírito Santo, 1877.

Condições de vida e de trabalho dos libertos

Em 1888 o regime escravista chegou ao fim com a abolição da escravidão. Entretanto, os ex-escravizados passaram por dificuldades, somando-se à população pobre em busca de ofertas de emprego.

Nas lavouras de café do estado de São Paulo, onde o trabalho, antes, era realizado por escravizados, os fazendeiros deram preferência aos trabalhadores imigrantes. A população local de libertos era contratada para trabalhos temporários nas lavouras por um curto período de tempo. Muitos viviam de atividades informais, como trabalhos domésticos ou transporte de carga.

Sem acesso a moradia, trabalho e educação, muitos migraram do campo para as cidades em busca de postos de trabalho para garantir sua sobrevivência.

Trabalhadores livres. Município de Porto Alegre, estado do Rio Grande do Sul, 1910.

3 Leia o texto a seguir e responda às questões.

Imigração e conflito

O tratamento que os imigrantes recebiam nas fazendas provocava atritos não apenas com os próprios trabalhadores, mas com os governos dos seus países de origem, os quais chegaram a proibir a vinda dos seus cidadãos a São Paulo com passagem paga, levando as autoridades brasileiras, em várias ocasiões, a procurar novas fontes de mão de obra.

HALL, Michael. Imigrantes na cidade de São Paulo. In: PORTA, Paula (Org.). *História da cidade de São Paulo*: a cidade na primeira metade do século XX – 1890-1954. São Paulo: Paz e Terra, 2004. p. 122.

a) Como era a vida dos imigrantes nas fazendas de café?

_____

_____

_____

b) De acordo com o texto, qual foi a consequência dessas condições?

_____

_____

_____

_____

4 O trabalho temporário no campo (concentrado no período de colheita, por exemplo) é, ainda hoje, bastante comum na produção agrícola no Brasil. Em sua opinião, essa prática representa uma continuidade ou uma mudança em relação à vida no campo no passado?

_____

_____

_____

_____

Como as pessoas faziam para...

Adoçar os alimentos

No Brasil, a maioria das pessoas usa o açúcar feito da cana-de-açúcar para adoçar os alimentos. Mas será que sempre foi assim? O que as pessoas usavam há cerca de 500 anos? Ao longo do tempo, houve mudanças no modo de adoçar os alimentos. É essa história que você vai conhecer agora.

RAPADURA

Durante o período colonial, no Brasil, os pobres e os negros escravizados usavam o mel e o melaço. Quando a situação de alguns deles melhorou, começaram a utilizar a rapadura.

AÇÚCAR MASCAVO

Adoçar os alimentos com açúcar não era um hábito muito comum até cerca de 200 anos atrás. Na Europa, durante um bom tempo, o açúcar foi um produto muito caro e raro, apenas os ricos podiam consumi-lo. Como era um produto de luxo, os portugueses começaram a produzir, no Brasil, o valioso açúcar, para vendê-lo na Europa.

MEL

Os povos indígenas não utilizavam o açúcar feito da cana-de-açúcar. Eles consumiam mel de abelhas para adoçar o paladar. Os africanos trazidos ao Brasil também costumavam coletar mel.

FOTOS: SERGIO DOTTA JR.

92

OS DIFERENTES TIPOS DE AÇÚCAR

Você já deve ter visto no supermercado que existem vários tipos de açúcar. Os mais comuns são: o mascavo, o cristal e o refinado. Quais são as diferenças entre eles?

MASCAVO. É o açúcar obtido após o cozimento do caldo da cana, sem passar por processos químicos. Por isso, é o tipo mais rico em nutrientes.

CRISTAL. Recebe tratamento químico que o deixa bem mais claro que o mascavo e em formato de cristais. Cerca de 90% de seus nutrientes são perdidos nesse processo.

REFINADO. O açúcar torna-se branco e fino após passar pelo refinamento, quando é peneirado e recebe tratamento químico. É o tipo mais saboroso e consumido, mas contém pouquíssimos nutrientes.

ATIVIDADES

1 O Brasil era um grande produtor de açúcar há cerca de 400 anos. Por que as pessoas que o produziam, pobres e negros escravizados, não o consumiam? O que eles utilizavam para adoçar os alimentos?

2 Por que é tão mais fácil comprar um quilo de açúcar atualmente do que há 400 anos? Considere as informações a seguir para responder.
- O preço de um produto aumenta quando há muita procura e/ou pouca oferta.
- O preço de um produto diminui quando há pouca procura e/ou muita oferta.

BETERRABA BRANCA

Há quase 200 anos, outro tipo de açúcar, feito da beterraba, era produzido na Europa. Não era a beterraba vermelha, como a conhecemos, mas outro tipo, a branca, maior e mais doce.

AÇÚCAR REFINADO

Começou a se tornar mais popular há pouco mais de 100 anos. O açúcar refinado era bem mais caro do que o mascavo. A quantidade de açúcar refinado que cada um consome tem aumentado, especialmente porque muitos produtos industrializados têm grande quantidade de açúcar.

Capítulo 4 — Do campo para a cidade: as fábricas e os operários

Da lavoura à fábrica

Estima-se que, entre os anos de 1887 e 1930, cerca de 3,8 milhões de estrangeiros chegaram ao Brasil. A maior parte deles se estabeleceu no Sudeste e Sul do país, compondo a mão de obra das fazendas de café.

As condições precárias de trabalho no campo, as crises na produção do café e o crescimento urbano estimularam o deslocamento dos imigrantes para as cidades. Com a diminuição da produção cafeeira, grande parte do lucro obtido com a exportação do produto foi investida na criação de indústrias no Brasil. A produção de alimentos, fios, tecidos e outros produtos do cotidiano passou a ser a nova fonte de riqueza para muitos fazendeiros, comerciantes e empresários.

Colheita de café em fazenda. Estado de São Paulo, 1910.

Imigrantes italianos trabalhando em fábrica de caixas de papelão e tipografia. Município de Juiz de Fora, estado de Minas Gerais, 1925.

Entre os milhares de imigrantes que buscavam trabalho nas cidades, havia aqueles que exerciam profissões como sapateiros, pedreiros e marceneiros. Muitos, porém, se tornaram operários nas fábricas recém-criadas. Na cidade de São Paulo, por volta de 1890, o número de estrangeiros era maior que o número de nativos e, na indústria, a maior parte dos operários era de origem europeia. Em 1912, 60% dos operários da indústria têxtil eram de origem italiana.

1 Quais foram os principais motivos que estimularam a mudança dos imigrantes do campo para a cidade?

_____

_____

 2 Atualmente, quais são os maiores fluxos de imigração no Brasil e no mundo? Em grupo, façam uma pesquisa e identifiquem os locais de partida, os destinos e as principais causas da imigração hoje em dia. Registrem o resultado da pesquisa no caderno.

Você sabia?

Museu da Imigração

Criada em 1897, a Hospedaria de Imigrantes era um dos principais locais que recebiam os imigrantes que chegavam à cidade de São Paulo. Lá ficavam alojados até que fossem enviados ao trabalho nas lavouras ou nas indústrias. Localizada próxima à ferrovia, a hospedaria foi um dos maiores centros de alojamento de imigrantes do Brasil.

A hospedaria guardou os registros de entrada das pessoas que chegaram ao país, arquivos que hoje são importantes documentos históricos. Atualmente, o local abriga o Museu da Imigração, que dispõe, também, de um importante acervo digital sobre os fluxos de migração.

Vista da antiga Hospedaria de Imigrantes, atual Museu da Imigração. Município de São Paulo, estado de São Paulo, 2015.

Passaporte do italiano Alfonso Grilli, que imigrou para o Brasil em 1909.

Migrações internas

Apesar do aumento do número de fábricas nas grandes cidades, há cerca de 100 anos a maior parte da população brasileira trabalhava na agricultura, que era, então, a principal atividade econômica do país. Em 1920, quase 70% dos brasileiros trabalhavam no campo. Ao longo do tempo, porém, esse cenário se transformou.

Muitas das novas oportunidades de trabalho e dos modos de vida que surgiam estavam ligados à industrialização e à urbanização, que ocorriam em ritmo acelerado. As ofertas de emprego nas cidades e as progressivas secas em áreas rurais levaram pequenos agricultores e trabalhadores do campo a migrar das mais diversas partes do Brasil para as grandes cidades, em especial as da região Sudeste, como São Paulo e Rio de Janeiro.

Migrantes nordestinos chegando ao município de São Paulo, estado de São Paulo, 1958.

O número de imigrantes estrangeiros diminuía, mas as migrações internas, de brasileiros mudando de cidade, cresciam. Entre 1935 e 1939, a maior parte dos migrantes que chegavam à Hospedaria de Imigrantes, em São Paulo, vinha do interior dos estados brasileiros.

O trabalho nas cidades

Além do trabalho na indústria, o comércio e a prestação de serviços também cresceram, representando possibilidades de trabalho aos que chegavam. Muitos migrantes encontravam emprego em lojas e em serviços urbanos, trabalhando como vendedores, construtores, eletricistas, mecânicos, cozinheiros, motoristas, costureiras, lavadeiras, entregadores, artesãos e em outras funções.

3 Leia o texto a seguir e responda às questões.

A viagem de Artur

Vilarejo de Caem, município de Jacobina, interior da Bahia, dezembro de 1947. Ansioso, Artur [...] despede-se da família e deixa para trás a casa e o sítio onde vivera seus primeiros 17 anos de vida. O rapaz, cheio de esperanças de uma vida melhor e com "aquele sonho de estudar na cabeça", contaminara-se com a "febre da época": São Paulo. [...]

Artur seguia os passos de um irmão mais velho, que se mudara alguns meses antes e já estava trabalhando como operário [...] juntou seus parcos pertences e partiu para uma longa jornada.

[...] No início de janeiro de 1948, Artur desembarcava na famosa estação Norte do bairro paulistano do Brás. De lá, mais um trem e finalmente chegava ao seu destino, São Miguel Paulista [...]. Era ali que Artur trabalharia por mais de 40 anos [...].

FONTES, Paulo. *Um Nordeste em São Paulo*: trabalhadores migrantes em São Miguel Paulista (1945-1966). Rio de Janeiro: FGV, 2008. p. 41-42.

Parcos: poucos.

a) Converse com seus colegas e registre no caderno quais motivos levaram Artur a iniciar sua viagem em direção a São Paulo.

b) Você conhece alguma pessoa que mudou de cidade, estado ou país? Reúna-se com seus colegas e escolham uma pessoa para entrevistar. Para isso, sigam o roteiro.

- Qual é o seu nome?
- Qual é o seu local de origem?
- Quais foram os motivos da mudança?

c) Registrem as respostas no caderno e escrevam um pequeno texto contando a história dessa pessoa. Depois, leiam-no para a turma.

Tecnologia e indústria no campo: agroindústria

Nos últimos 100 anos, a crescente industrialização no campo também foi responsável pela intensificação das migrações para as cidades.

Muitas das atividades que empregavam o trabalho humano, ligadas ao cultivo da terra e ao processamento dos produtos agrícolas, como a secagem e separação de grãos, passaram a ser realizadas por máquinas em procedimentos industriais cada vez mais sofisticados. Esses processos abrangem desde a produção de sementes especiais até a compra do produto final pelo consumidor.

Colheita de soja. Município de Itapetininga, estado de São Paulo, 2016.

Por esse motivo, as possibilidades de trabalho no campo reduziram-se e muitas pessoas tiveram de migrar para outros locais em busca de novas formas de sustento.

Agroindústria e meio ambiente

Além das transformações sociais, a prática de atividades agrícolas em escala industrial requer um cuidado especial com o meio ambiente. O desmatamento de áreas florestais para a criação de campos de cultivo em regiões como a Amazônia Legal ameaça o equilíbrio ambiental.

> **Amazônia Legal:** Região que corresponde aos estados do Acre, Amazonas, Roraima, Rondônia, Amapá, Pará, Tocantins, Mato Grosso e parte do Maranhão.

Desmatamento, queimadas e uso de produtos químicos, como os agrotóxicos usados para eliminar pragas das lavouras, são procedimentos comumente empregados na agroindústria. Essas técnicas representam riscos à diversidade das espécies de animais e vegetais, à riqueza do solo e à qualidade das águas dos rios.

Área desmatada para agricultura na Floresta Amazônica, estado do Amazonas, 2016.

4 Analise as afirmações a seguir e assinale um **X** em verdadeiro ou falso.

a) Com a aceleração do processo de industrialização, os fluxos de migração acabaram.

☐ Verdadeiro.   ☐ Falso.

b) A industrialização na agricultura modificou as relações de trabalho e as oportunidades de emprego no campo.

☐ Verdadeiro.   ☐ Falso.

5 Observe a tabela a seguir e responda às questões.

Taxa consolidada de desmatamento na Amazônia Legal (2010-2015)	
Ano	Taxa de desmatamento (km²)
2010	7.000
2011	6.418
2012	4.571
2013	5.891
2014	5.012
2015	6.207

Fonte: PRODES. *Monitoramento da Floresta Amazônica Brasileira por Satélite*. São José dos Campos: Instituto Nacional de Pesquisas Espaciais (INPE), 2017. Disponível em: <http://mod.lk/gaddl>. Acesso em: 11 abr. 2018.

a) De acordo com a tabela, o desmatamento na Amazônia Legal diminuiu ou aumentou entre os anos de 2013 e 2015?

_____

_____

b) Na sua opinião, que medidas podem ser tomadas para a preservação da floresta nessa região?

_____

_____

_____

O que você aprendeu

- A venda do açúcar na Europa e o tráfico de africanos escravizados davam muito lucro a Portugal e aos comerciantes.
- A expansão da pecuária nas terras mais afastadas do litoral foi um fator importante para a ocupação do interior do Nordeste.
- A produção e a exportação de café foram responsáveis pela geração de riqueza no Brasil.
- O Brasil recebeu um grande número de imigrantes, que buscavam terras para plantar e melhores condições de vida.
- O crescimento urbano gerou empregos, influenciando a migração do campo para a cidade.

1 Leia as charadas e escreva as respostas ao lado das figuras.

a) Lugar onde era produzido o açúcar e onde viviam a família do senhor de engenho e os africanos escravizados.

Obra de Frans Post, óleo sobre tela, 50 × 74,5 cm, anos 1600.

b) É feito da cana-de-açúcar e é usado para adoçar alimentos.

Detalhe da obra de Johann-Moritz Rugendas, gravura, 52 × 67 cm, 1835.

Leia o texto e responda às questões.

O ser senhor de engenho é título a que muitos aspiram, porque traz consigo o ser servido, obedecido e respeitado por muitos. [...] Servem ao senhor do engenho em vários ofícios, além dos escravos de enxada e foice que têm nas fazendas e na moenda e fora os mulatos e mulatas, negros e negras de casa ou ocupados em outras partes, barqueiros, canoeiros, [...] carreiros, oleiros [pessoas que fabricavam peças de cerâmica], vaqueiros, pastores e pescadores.

ANTONIL, André João. *Cultura e opulência do Brasil por suas drogas e minas*. 1ª edição de 1711. São Paulo: Edusp, 2007. p. 79.

a) Quem escreveu esse texto? Em que ano foi publicado o livro do qual o trecho foi extraído?

b) De acordo com o autor, por que muitos gostariam de ser senhores de engenho?

c) Quem servia ao senhor de engenho?

  Observe a imagem, leia a legenda e responda às questões.

Detalhe de *Paisagem com plantação (O engenho)*, de Frans Post, óleo sobre tela, 71,5 × 91,5 cm, 1668.

a) Qual construção foi representada? O que era produzido nesse local?

b) Que tipo de mão de obra era utilizado?

4 Complete a cruzadinha com as respostas dos itens a seguir.

> Antes de preencher a cruzadinha, pense bem, não tenha pressa, exercite o **autocontrole**.

A. A _____ foi um dos produtos mais importantes do início da colonização.

B. Os _____ produziam açúcar utilizando a mão de obra de pessoas escravizadas.

C. Os indígenas _____ lutaram contra os colonos que queriam tomar suas terras para instalar fazendas.

D. O cultivo do _____ propiciou muitas riquezas para os cafeicultores.

E. A construção de _____ contribuiu para tornar mais rápido e eficiente o transporte de café do interior até o litoral.

F. Atrair _____ europeus foi uma das soluções encontradas pelos cafeicultores para a falta de mão de obra de escravizados.

G. Os _____ eram os lugares onde moravam as pessoas que haviam fugido da escravidão praticada em engenhos e fazendas.

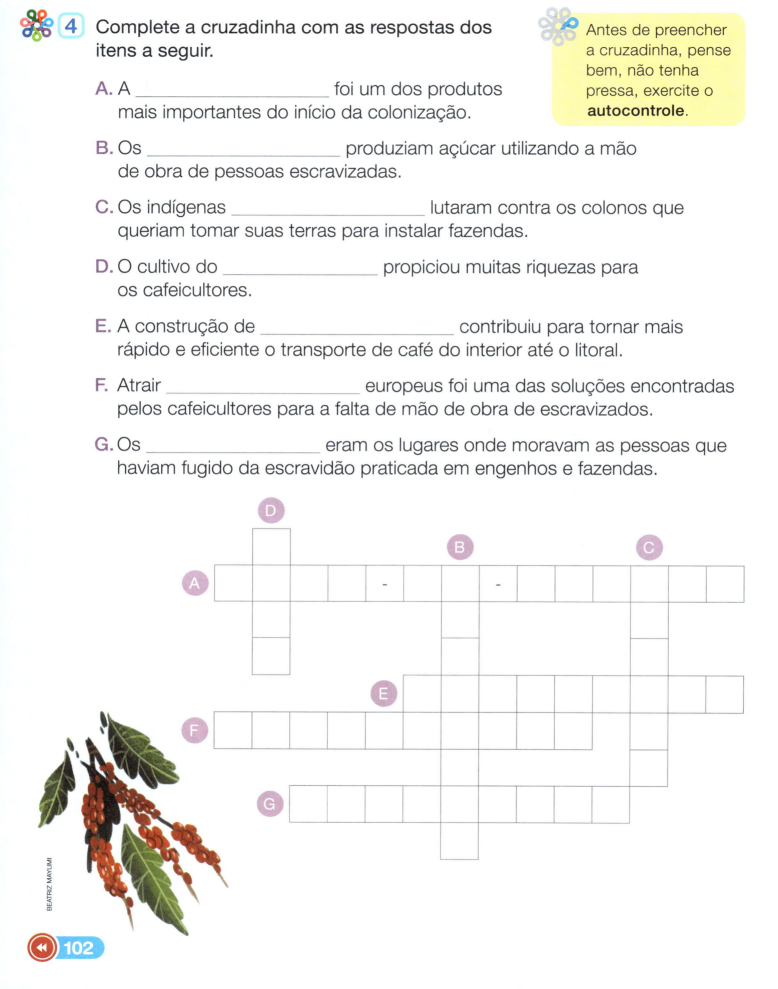

5. Observe as imagens, leia as legendas e responda às questões.

Antigamente, a cana-de-açúcar era cortada e colhida em um processo totalmente manual e exigia o trabalho de muitas pessoas, em sua maioria escravizadas. A cana era usada, sobretudo, para a produção de açúcar, rapadura e álcool.

Atualmente, o trabalho de cortar a cana é automatizado e utiliza maquinário de grande porte, que precisa de poucos operários assalariados para ser operado. A cana é utilizada para a produção de açúcar, rapadura, álcool e outros combustíveis.

	Colonização	Atualmente
Quantidade de pessoas		
Regime de trabalho		
Produtos gerados com a cana		

- Quais são as diferenças entre o trabalho apresentado nas duas imagens?

___

103

Vamos conversar

1. Quais construções são retratadas nessa cena? Qual é a função delas?
2. Essa cidade é parecida com a cidade em que você vive? O que elas têm em comum e o que é diferente?
3. Todas as construções dessa cidade foram feitas no mesmo período? Por quê?

Capítulo 1 — Diferentes lugares: os municípios

A divisão do território em municípios permite que cada um deles tenha poder de decisão sobre as questões relacionadas ao cuidado dos espaços públicos.

Cada município tem órgãos de administração próprios, como a Prefeitura e a Câmara Municipal, onde são decididas as questões que fazem parte da vida de todos. O município controla, por exemplo, os transportes coletivos, a limpeza, a iluminação e a manutenção de ruas, praças e parques, o abastecimento de água, a coleta de esgoto e lixo, o fornecimento de energia elétrica, a fiscalização do trânsito, as escolas e os hospitais municipais.

Feira livre no município de Feira de Santana, estado da Bahia, 2016. As feiras livres e os mercados públicos são administrados pelos municípios.

1 Preencha a tabela a seguir com as informações sobre o município em que você vive.

Nome do município	
Data de fundação	
Como esse município surgiu?	
Quais espaços públicos existem nesse município?	

Áreas rurais e urbanas

Os municípios podem ser divididos em áreas rurais e urbanas.

As **áreas rurais** são aquelas ligadas às atividades do campo, onde predominam as atividades agrícolas e pecuárias, como o cultivo do solo e a criação de animais.

As **áreas urbanas** correspondem às cidades. Nessas áreas se localizam os órgãos administrativos do município e são realizadas atividades de administração, comércio, serviços, finanças, entre outras.

2 Observe as imagens e responda às questões a seguir.

Câmara Municipal do município de Tremembé, estado de São Paulo, 2017.

Plantação de arroz no município de Tremembé, estado de São Paulo, 2017.

a) Qual área do município de Tremembé é retratada na imagem 1? E na imagem 2?

_____

_____

b) O que há de diferente entre as duas imagens?

_____

_____

_____

109

Crescimento das cidades no mundo

Calcula-se que, há cerca de 10 anos, a quantidade de pessoas vivendo em áreas urbanas ao redor do mundo tenha ultrapassado a quantidade de pessoas vivendo no campo. Nos últimos 250 anos, as pessoas passaram a se estabelecer em cidades, muitas delas fugiram da fome e da miséria no campo e mudaram-se em busca de emprego.

Observe o gráfico a seguir.

Vista da cidade de Seul, Coreia do Sul, 2017.

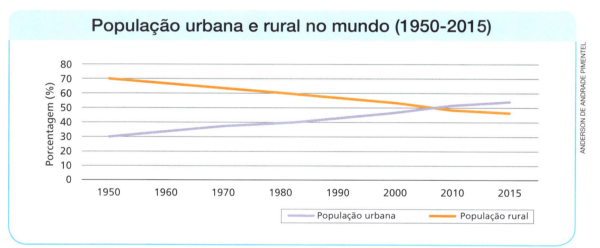

Fonte: Organização das Nações Unidas. World Urbanization Prospects: The 2014 Revision. Disponível em: <http://mod.lk/onu2014>. Acesso em: 10 abr. 2018.

3 Segundo o gráfico, em 1950, existiam mais pessoas vivendo na cidade ou no campo? E em 2015?

_____

_____

_____

_____

Crescimento das cidades no Brasil

O aumento da população que vive em áreas urbanas ocorreu, também, no Brasil. Nos últimos 60 anos, a maioria da população brasileira passou a viver na cidade, modificando a distribuição dos habitantes que existia até então.

A concentração de tantas pessoas vivendo em espaços reduzidos produziu novos desafios, como os relacionados aos transportes e às condições de moradia, trabalho e saúde da população.

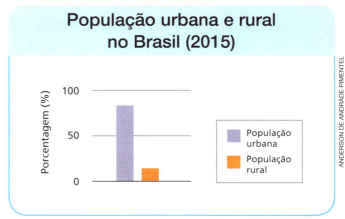

Fonte: IBGE. Sobre o Brasil. População rural e urbana. Disponível em: <http://mod.lk/poprurub>. Acesso em: 10 abr. 2018.

4 Observe o gráfico e responda às questões a seguir.

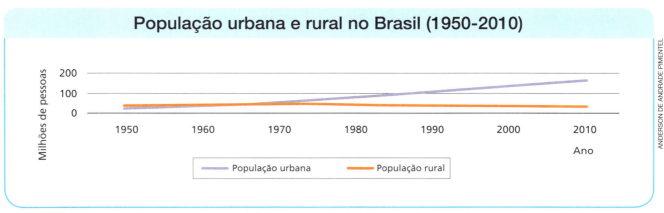

Fonte: IBGE. Censo demográfico 2010. Disponível em: <http://mod.lk/censoibg>. Acesso em: 20 abr. 2018.

a) Em 1950, existiam mais pessoas vivendo no campo ou na cidade no Brasil?

_____

_____

b) E em 1980? Mais pessoas viviam no campo ou na cidade?

_____

_____

Para ler e escrever melhor

> O texto a seguir apresenta algumas **causas** e **consequências** do número excessivo de automóveis nas grandes cidades brasileiras.

A opção pelo automóvel

Conheça duas **causas** do grande número de automóveis.

- **Falta de transporte coletivo de qualidade:** as linhas de metrô e trem não atendem toda a cidade. Na maioria das vezes, estão superlotadas. Os usuários dos ônibus enfrentam longas esperas nos pontos; as viagens são demoradas e desconfortáveis.

- **Incentivo à compra de automóveis:** a compra de carros é incentivada por meio de facilidades, como empréstimos, prazos de pagamento mais longos, parcelamentos ou juros mais baixos.

Agora, veja duas **consequências** do número excessivo de carros.

- **Congestionamentos:** milhares de automóveis circulando ao mesmo tempo provocam engarrafamentos. As pessoas passam cada vez mais tempo no trânsito, deixando de estar com a família e os amigos.

- **Aumento da poluição:** os automóveis emitem muitos poluentes. O ar poluído provoca ou intensifica doenças respiratórias e alergias.

1. Preencha a tabela com as causas e as consequências da grande quantidade de automóveis citadas no texto.

Grande quantidade de automóveis	
Causas	Consequências

2. Entreviste um adulto sobre o principal meio de transporte que ele utiliza para se locomover. Para isso, siga o roteiro abaixo.

- Que meio de transporte você mais utiliza para se deslocar de casa para o trabalho e vice-versa?
- Por que você optou por esse meio de transporte?
- Como essa escolha afeta seu dia a dia?

Depois, escreva um texto mencionando as causas e as consequências da escolha do meio de transporte utilizado pelo entrevistado.

CAPÍTULO 2
Cidade, trabalho e indústria

Há cerca de 130 anos, diversas cidades brasileiras passaram por um processo de amplo crescimento. Isso se deu por causa da concentração de indústrias em algumas cidades, como o Rio de Janeiro e São Paulo.

No Rio de Janeiro, centro político e financeiro do país naquela época, parte da riqueza obtida com o comércio internacional foi investida nas atividades industriais. O mesmo ocorreu com os lucros da exportação do café, em São Paulo.

Com a instalação das fábricas, a configuração das cidades se transformou rapidamente: muitas pessoas mudaram-se do campo para as cidades em busca de trabalho, e novas redes de transportes, como as ferrovias, começaram a se desenvolver.

Fios, tecidos e peças de vestuário eram os principais produtos dessas primeiras fábricas. Eram produzidos, também, diversos artigos para o consumo cotidiano: alimentos, sabão, velas, chapéus, vidros, ferramentas e instrumentos de metal, entre outros.

Com as fábricas, surgiram novas relações de trabalho e modos de viver: o acesso à alimentação e à moradia foi ampliado e as formas de lazer dos trabalhadores passaram por grandes mudanças com o surgimento de clubes para operários, parques e espaços de recreação, usados principalmente nos dias de folga e nos fins de semana.

Ilustração atual representando estação ferroviária há cerca de 130 anos.

1 De acordo com a tabela a seguir, o que aconteceu no Brasil entre 1907 e 1920?

Indústrias no Brasil (1907-1920)		
Ano	Número de indústrias	Número de operários
1907	3 258	149 018
1920	13 336	275 512

Fonte: DECCA, Maria Auxiliadora Guzzo. *Indústria, trabalho e cotidiano*.
Brasil – 1889 a 1930. São Paulo: Atual, 1991. p. 24.

_____

_____

_____

_____

2 Analise a tabela a seguir e assinale um **X** em verdadeiro ou falso.

Número de habitantes da população brasileira (1872-1940)					
Ano / Cidade	1872	1890	1900	1920	1940
Manaus	29 334	38 720	50 300	75 704	106 399
Rio de Janeiro	274 972	522 651	811 443	1 157 873	1 764 114
São Paulo	31 385	64 934	239 820	579 033	1 326 261

Fonte: IBGE. Sinopse do Censo Demográfico. 2010. Disponível em: <http://mod.lk/sinpcens>.
Acesso em: 10 abr. 2018.

a) Entre 1872 e 1940 houve redução na população de Manaus.

☐ Verdadeiro ☐ Falso

b) Entre 1920 e 1940, São Paulo e o Rio de Janeiro tiveram grande crescimento populacional por causa da industrialização.

☐ Verdadeiro ☐ Falso

As cidades se transformam

O número de habitantes das cidades aumentou, assim como a oferta e o consumo de vários tipos de produtos. Essa nova população necessitava de moradia, saneamento básico, transporte e educação, mas a maioria vivia em condições precárias.

Nas regiões centrais das grandes cidades, muitos habitantes viviam em moradias coletivas – famílias inteiras dividindo um pequeno cômodo – com pouco ou nenhum acesso a água, rede de esgoto ou ventilação.

Em bairros mais distantes do centro foram construídas fábricas. No entorno dessas indústrias, surgiram vilas e bairros operários que abrigavam os trabalhadores.

Nas cidades, foram criadas novas escolas. Porém, era comum que filhos de operários encontrassem dificuldade para frequentar a escola regularmente. Pelas condições precárias de vida, algumas crianças começavam a trabalhar, ainda pequenas, nas fábricas.

Novos caminhos

Ruas, avenidas e redes de transportes precisaram ser criadas, ou ampliadas, para dar conta da circulação de tantas pessoas e produtos. Ruas de terra receberam calçamento para a circulação de automóveis e trilhos para a circulação de bondes. Há mais de 120 anos os automóveis eram novidade, considerados objetos de luxo e acessíveis a poucas pessoas.

Ilustração atual representando obras de calçamento em grande cidade no início dos anos 1900.

3 Marque com um **X** as principais mudanças ocorridas nas cidades durante o início da industrialização no Brasil.

☐ Declínio das ferrovias.

☐ Modificação do calçamento e traçado de ruas.

☐ Construção de vilas operárias.

☐ Aumento do número de habitantes.

☐ Crescimento da rede de transportes.

> Para entender o modo de vida das pessoas que viveram há muito tempo, é preciso ter **flexibilidade** e perceber o passado de uma perspectiva diferente.

4 Observe a fotografia e leia a legenda para responder às questões.

a) Quem são as pessoas retratadas na imagem? Qual é a faixa de idade delas?

_____
_____
_____
_____

Operários deixam a fábrica de botões ao final da jornada de trabalho. Município de São Caetano do Sul, estado de São Paulo, 1935.

b) Como são as roupas e os calçados usados por essas pessoas? São iguais ou diferentes dos atuais?

_____
_____
_____

O mundo que queremos

O fim do trabalho infantil

A origem da exploração do trabalho infantil no Brasil remete à própria história do país. Há centenas de anos, era possível encontrar crianças tanto entre trabalhadores livres quanto entre escravizados.

Com o início da industrialização no Brasil, cerca de 130 anos atrás, o trabalho infantil continuou a ser explorado. Na cidade de São Paulo, em 1919, mais de um terço dos trabalhadores das fábricas de tecidos eram crianças. Elas trabalhavam em longas jornadas, de 12 a 14 horas por dia sem descanso, às vezes no período noturno e sujeitas a acidentes.

Nos anos 1920, o trabalho de crianças menores de 12 anos de idade passou a ser proibido. A duração das jornadas de trabalho também foi limitada por lei, em 12 horas por dia. Mas esses limites raramente eram respeitados.

Ao longo do tempo, novas leis e projetos foram realizados para que a exploração do trabalho infantil fosse extinta. Hoje, o trabalho de menores de 16 anos de idade é proibido, salvo nos casos em que um adolescente, a partir dos 14 anos de idade, exerça a função de aprendiz.

O trabalho infantil, porém, ainda é uma realidade no Brasil. Para sobreviver ou ajudar a família, muitas crianças trabalham nas ruas, carvoarias, plantações e em outras atividades. Em 2015, cerca de 6,6% de crianças e adolescentes entre 5 e 17 anos de idade trabalhavam. Mais da metade deles eram empregados em atividades agrícolas.

Cartaz da Campanha do Dia Internacional de Combate ao Trabalho Infantil, promovida pela Organização Internacional do Trabalho (OIT), em parceria com outras entidades, 2014.

1 Como era a rotina das crianças que trabalhavam nas fábricas no início do processo de industrialização no Brasil?

_____

_____

_____

2 Observe a tabela abaixo e responda às questões a seguir.

Taxa de trabalho infantil no Brasil (1997-2008)	
Ano	Taxa de trabalho infantil (a cada 100)
1997	Em cada 100 trabalhadores, 17 eram crianças.
2001	Em cada 100 trabalhadores, 13 eram crianças.
2008	Em cada 100 trabalhadores, 9 eram crianças.

Fonte: IBGE. *Pesquisa Nacional por Amostra de Domicílio*. Tabela extraída de: IDB. Indicadores e Dados Básicos. Brasil, 2009.

a) Quantas crianças, em cada 100 trabalhadores, trabalhavam no ano de 1997? E no ano de 2008?

_____

_____

b) Segundo o texto da página 118, qual era a porcentagem de crianças e adolescentes que trabalhavam no ano de 2015?

_____

_____

c) A partir das informações da tabela e do texto da página 118, o que se pode verificar sobre o trabalho infantil no Brasil?

_____

_____

_____

CAPÍTULO 3 — O crescimento das cidades

No Brasil, o desenvolvimento de atividades agrícolas e de extração foi fundamental para o crescimento de algumas cidades, como Manaus e São Paulo.

Manaus e o ciclo da borracha

Há cerca de 150 anos, a extração do látex, produto da seringueira, atraiu milhares de migrantes, especialmente de estados da Região Nordeste, para trabalhar na Floresta Amazônica.

O trabalho consistia na retirada da seiva das seringueiras, que era transformada em borracha, um produto muito procurado e valorizado no mercado mundial, para ser utilizado na indústria de automóveis que começava a surgir.

O dinheiro da venda da borracha para países da Europa e para os Estados Unidos estimulou o crescimento de Manaus, a capital do Amazonas. A cidade passou por grandes reformas, com a construção de avenidas, redes de esgoto e água encanada, a instalação de energia elétrica e a circulação de bondes. Além disso, foram construídos prédios modernos para a época. O Teatro Amazonas tornou-se um símbolo desse período.

Extração de látex da seringueira. Estado do Amazonas, 1921.

Teatro Amazonas. Município de Manaus, estado do Amazonas, 2016.

1 Como a cidade de Manaus foi beneficiada com a exportação da borracha?

_____

_____

120

São Paulo, café e indústria

O café foi o produto brasileiro mais vendido a outros países entre os anos de 1830 e 1930. A expansão das lavouras de café estimulou a vinda de imigrantes estrangeiros, como italianos, espanhóis, alemães e portugueses. A princípio, esses imigrantes trabalharam nas lavouras, mas aos poucos deixaram o campo e seguiram para as cidades para trabalhar na indústria e no comércio.

A colheita, Fazenda Santa Gertrudes, Araras, SP, de Antonio Ferrigno, óleo sobre tela, 100 × 150 cm, 1903.

Muitos cafeicultores que enriqueceram passaram a morar na cidade de São Paulo e construíram casarões requintados. São Paulo se beneficiou com a riqueza gerada pelo café, pois foram construídos viadutos, pontes, trilhos para bondes, calçamento de ruas, iluminação pública, entre outras modificações. O dinheiro obtido com o café também impulsionou a instalação de fábricas, fato que transformou a paisagem da cidade. Em 1890, a população de São Paulo era de 65 mil pessoas. Dez anos depois, em 1900, já chegava a 240 mil pessoas.

Vista da região central do município de São Paulo, estado de São Paulo, 1930.

2 Como a cidade de São Paulo se beneficiou com a riqueza gerada pelo café?

_____

_____

3 Converse com um adulto da sua família sobre a cidade em que você nasceu. Como era a cidade antigamente e como ela é hoje?

Bairros operários

Há mais de 100 anos, muitas indústrias se instalaram em São Paulo, levando à formação de bairros operários. Muitos deles eram habitados por imigrantes que saíram das lavouras de café em busca de empregos na cidade e escolheram moradias próximas aos locais de trabalho.

Em geral, os bairros operários ficavam longe do centro, perto de rios, de linhas de bonde e das fábricas. Foi assim que surgiram bairros como Brás, Barra Funda e Bom Retiro, em São Paulo, e Afogados, no Recife. Nesses bairros, existiam também os cortiços, construções onde moravam várias famílias juntas.

Vista do bairro do Brás com indústrias, galpões e chaminés. Município de São Paulo, estado de São Paulo, década de 1930.

4 Complete o texto com as palavras destacadas a seguir.

bairros operários   café   bonde   fábricas   imigrantes

Muitos _____ deixaram a lavoura de _____ e foram a São Paulo para trabalhar em _____. Eles moravam nos _____, que ficavam próximos a linhas de _____.

Ilustração atual representando imigrantes trabalhando em fábrica no início dos anos 1900.

Vilas operárias

Algumas indústrias construíram vilas de moradias para os operários. Essas vilas eram formadas de casas semelhantes, próximas umas das outras. Para construir as vilas, os donos das indústrias precisavam conseguir aprovação da Prefeitura e obedecer a uma série de exigências, como ter quartos suficientes, sala e cozinha nas casas. Nem todos os operários tinham direito a morar nas vilas.

Nos bairros operários e nas vilas, a maioria das ruas não tinha calçamento, não havia esgoto ou água tratada e poucas casas recebiam energia elétrica.

Você sabia?

Vila Maria Zélia

Construída em 1916, no bairro do Belenzinho, na cidade de São Paulo, a Vila Maria Zélia foi moradia para 2 mil operários de uma fábrica de tecidos da região. A vila oferecia melhores condições de moradia, como creche, comércio e hospital.

Fachada das casas da Vila Maria Zélia, no município de São Paulo, anos 1920.

5 Assinale um **X** em verdadeiro ou falso, de acordo com as afirmações.

a) Os lucros obtidos com a exportação de café levaram a população da cidade de São Paulo a se mudar para o campo, perto das lavouras.

☐ Verdadeiro   ☐ Falso

b) Os operários moravam em bairros e vilas longe do centro e perto das fábricas.

☐ Verdadeiro   ☐ Falso

Ilustração atual representando moradores de vila operária no início dos anos 1900.

Como as pessoas faziam para...

Morar no Rio de Janeiro no início dos anos 1900

Há mais de 100 anos, a cidade do Rio de Janeiro, no estado do Rio de Janeiro, passou por grandes reformas de modernização arquitetônica e também para acabar com surtos de doenças. Os investimentos se concentraram apenas nas regiões central e portuária, e a oferta de serviços básicos, como saneamento, iluminação e transporte, era muito desigual para a população de outros bairros da cidade.

Entre 1890 e 1920, a população da cidade mais que dobrou. A cidade crescia sem planejamento e multiplicavam-se as favelas e os cortiços. A chegada de migrantes nacionais e estrangeiros que procuravam trabalho agravou a situação, porque eles também precisavam de moradia.

Vista de um cortiço no Rio de Janeiro, 1904.

Em 1903, o prefeito do Rio de Janeiro, Pereira Passos, iniciou uma série de reformas que previam obras de saneamento e a demolição de casarões utilizados como cortiços. O objetivo era adaptar a cidade para inovações, como a chegada dos automóveis e da energia elétrica.

Trabalho de pavimentação na Avenida Central, atual Avenida Rio Branco, no Rio de Janeiro, 1905.

Nesse período, o Departamento Nacional de Saúde Pública criou uma campanha de vacinação obrigatória para acabar com doenças como a febre amarela e a varíola. Por falta de informação, essa medida gerou revolta na população, que não compreendeu a importância da vacinação. Em 1904, aconteceu a Revolta da Vacina, quando parte da população destruiu bondes, prédios, lojas e foi duramente reprimida pela polícia.

Charge contra a vacina obrigatória, publicada em *O Malho*, 1904.

Avenida Rio Branco, antiga Avenida Central, no Rio de Janeiro, 1912.

Com a substituição dos antigos cortiços por novas moradias e a abertura de avenidas modernas, o preço dos terrenos e dos aluguéis no centro subiu, o que afastou a população mais pobre, que se deslocou para os morros próximos ou para locais muito distantes do centro.

Barracões no Morro do Pinto, no Rio de Janeiro, 1912.

1. Qual era o objetivo das reformas feitas pelo prefeito do Rio de Janeiro a partir de 1903?

2. Recentemente, no município onde você mora, foi realizada alguma reforma ou nova construção? Se sim, essa mudança beneficiou os moradores? Se você fosse o(a) prefeito(a), que decisões tomaria? Justifique.

CAPÍTULO 4 — O modo de vida nas cidades

Há cerca de 160 anos, as moradias não recebiam energia elétrica. A iluminação era feita com velas, lampiões a gás e lamparinas com querosene. Para conservar alimentos, era preciso usar técnicas como a secagem e a salga para as carnes e o preparo de caldas de açúcar para as frutas.

Ilustração atual representando uma casa sem energia elétrica no início dos anos 1900.

Na cidade, as casas passaram a ser iluminadas com lâmpadas elétricas. As famílias que tinham acesso à eletricidade puderam contar com novos aparelhos: os eletrodomésticos. Com o passar do tempo, esses aparelhos se tornaram populares e mais baratos. Atualmente, na maioria das moradias é possível encontrar, por exemplo, uma geladeira para conservar os alimentos.

Geladeira para conservar alimentos.

1. Preencha o quadro com o nome e a utilidade de três aparelhos domésticos que funcionam com eletricidade.

Nome do aparelho	Utilidade

Hora da leitura

- Hora da leitura: *O pinguim de geladeira, a preguiça e a energia*, de Sérgio Merli. São Paulo: Melhoramentos, 2014.

126

Iluminação das cidades

Atualmente, é comum vermos nas ruas postes com lâmpadas elétricas que acendem e apagam automaticamente. Mas, há mais de 200 anos, as ruas das grandes cidades brasileiras, como o Rio de Janeiro e São Paulo, recebiam uma fraca iluminação gerada por lampiões a óleo.

Alguns anos depois, as ruas de algumas cidades começaram a ser iluminadas por lampiões a gás. Os postes com lâmpadas elétricas começaram a ser instalados há cerca de 100 anos. Durante um tempo, a iluminação a gás e a eletricidade eram utilizadas simultaneamente, até que as lâmpadas elétricas predominaram porque não exigiam um funcionário para acender e apagar cada uma delas todos os dias.

2 Compare as linhas do tempo que mostram quando cada tipo de iluminação pública foi instalado nas cidades do Recife e de São Paulo. Depois, responda às questões.

a) Em que cidade foram instalados os primeiros lampiões a óleo e a gás? Em que ano esses eventos ocorreram?

_____

_____

b) Qual foi a ordem de chegada dos tipos de iluminação nas duas cidades?

_____

Transportes e comunicações

Atividade interativa
Circulando de bonde

Antigamente, as pessoas dispunham de poucos recursos para se deslocar de um lugar a outro e para levar cargas. A maioria fazia os percursos a pé ou no lombo de cavalos ou de burros, levando todo tipo de objetos. Poucos podiam utilizar carroças ou charretes puxadas por animais porque era caro manter os veículos e os animais.

O transporte coletivo – aquele que muitas pessoas podem usar ao mesmo tempo – surgiu nas grandes cidades brasileiras há mais de 130 anos, com os bondes puxados por animais. Os primeiros ônibus começaram a circular em 1838 no Rio de Janeiro, também movidos por tração animal.

À medida que a tecnologia se desenvolveu, os veículos de passageiros passaram a ser movidos por motores elétricos ou a combustão.

Trânsito de carroças na Rua Camerino. Município do Rio de Janeiro, estado do Rio de Janeiro, final dos anos 1800.

Bonde puxado por animais. Município do Rio de Janeiro, estado do Rio de Janeiro, 1910.

Para percorrer grandes distâncias, além de veículos terrestres, como ônibus, carros ou trens, muitas pessoas atualmente viajam de avião. O transporte marítimo e fluvial também continua sendo muito importante nos dias de hoje.

As mudanças não param de acontecer e os meios de transporte continuam se transformando conforme as necessidades humanas e as inovações tecnológicas.

3 O que é transporte coletivo?

_____

_____

Com a energia elétrica surgiram novas formas de se comunicar e de partilhar ideias com um grande número de pessoas. Ao longo dos anos 1900, o rádio e a televisão passaram a transmitir todo tipo de conteúdo. A primeira transmissão de rádio no Brasil ocorreu em 1922. Por muitas décadas, o rádio foi o aparelho mais usado pelas pessoas para se divertir e saber notícias sobre o Brasil e o mundo.

A partir da década de 1950, o rádio começou a dividir espaço com a televisão. Nos primeiros anos da televisão, havia poucos aparelhos porque eram muito caros. Os programas eram ao vivo, transmitidos em preto e branco e por apenas algumas horas ao dia.

Atualmente, outros aparelhos, como telefones celulares, computadores e *tablets*, tornaram-se populares e modificaram as formas de comunicação.

Primeiro aparelho de televisão fabricado no Brasil, 1951.

4 Observe as fotografias e responda às questões a seguir.

Família assistindo à televisão. Município de São Paulo, estado de São Paulo, 1950.

Família assistindo à televisão. Município de São Bernardo do Campo, estado de São Paulo, 2014.

- Quais são as semelhanças e as diferenças entre as duas fotografias?

_____

_____

_____

129

A chegada da energia elétrica, há cerca de 120 anos, mudou o cotidiano dos moradores da cidade e do campo e possibilitou o desenvolvimento de inovações na área dos transportes e das comunicações.

Leia o que registrou o escritor Oswald de Andrade sobre as transformações ocorridas por causa da energia elétrica.

Grandes acontecimentos

Anunciou-se que São Paulo ia ter bondes elétricos [...].
Uma febre de curiosidade tomou as famílias, as casas, os grupos. Como seriam os novos bondes que andavam magicamente, sem impulso exterior?

[...] Um mistério esse negócio de eletricidade. Ninguém sabia como era. Caso é que funcionava. Para isso as ruas da pequena São Paulo de 1900 enchiam-se de fios e de postes. [...]

A cidade tomou um aspecto de revolução. Todos se locomoviam, procuravam ver. E os mais afoitos queriam ir até a temeridade de entrar no bonde, andar de bonde elétrico!

Oswald de Andrade. *Um homem sem profissão*: memórias e confissões. Sob as ordens de mamãe. 2. ed. São Paulo: Globo, 2000. p. 72-74.

O primeiro bonde elétrico do Brasil chegou à cidade do Rio de Janeiro em 1892 e transportava até 40 pessoas sentadas e mais algumas dezenas penduradas nos estrados laterais em cada viagem.

Temeridade: Ousadia, coragem.

Em São Paulo, o primeiro bonde elétrico começou a circular em 1900, com capacidade para 45 passageiros.

5. De acordo com o texto do escritor Oswald de Andrade, quais foram os grandes acontecimentos que atraíram a atenção das pessoas na cidade de São Paulo?

As novidades da tecnologia alteraram o modo de vida das pessoas e a maneira de se relacionar com a cidade. Veja algumas dessas inovações.

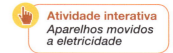
Atividade interativa
Aparelhos movidos a eletricidade

Elevadores

No começo da era da eletricidade, passear nos elevadores dos edifícios, subir e descer pelos andares, era uma grande atração na cidade de São Paulo.

Automóvel

Em 1891, chegou a São Paulo o primeiro automóvel do Brasil. O automóvel não substituiu imediatamente os meios de transporte até então utilizados, pois era uma novidade cara e poucos podiam comprá-lo.

Cinema

Há mais de 100 anos o aparecimento do cinema no Brasil atraiu a atenção das pessoas. Inicialmente, os filmes eram mudos e em preto e branco e só começaram a se popularizar depois que a eletricidade permitiu a instalação de várias salas de cinema nas grandes cidades.

6 Escreva CE para os objetos que funcionam com energia elétrica e SE para os objetos que não precisam de energia elétrica para serem usados.

131

O que você aprendeu

- Os municípios têm autonomia para decidir sobre as questões relacionadas ao cuidado dos espaços públicos. Podem ser divididos em área urbana e rural.
- A maior parte da população vive hoje em cidades. Muitas cidades cresceram, concentrando maior população, a partir do processo de industrialização iniciado no Brasil há mais de 130 anos.
- O crescimento das cidades provocou a transformação das formas de moradia, de transporte e dos modos de viver nas áreas urbanas.

1 Leia o texto e responda à questão a seguir.

A Mooca das tecelagens

Quando eu saí do primário, fui aprender a cerzir. Porque na Mooca tinha muita tecelagem, lanifícios [...]. Quando eu aprendi a cerzir, fui aprender com uma vizinha [...]. Meu primeiro trabalho foi esse, aprendi primeiro a costurar, depois aprender a cerzir, com essa vizinha. Depois que uma amiga falou: "Puxa, você está aprendendo a cerzir, você vai trabalhar no Edifício Inglês..." [onde funcionava uma tecelagem] [...]. Fiquei um ano trabalhando com ela. [...] com 15 anos entrei no Edifício, saí com 21 para casar.

Cerzir: costurar ou remendar com pontos miúdos.

Mooca: bairro da cidade de São Paulo.

Lanifício: fábrica de fio ou tecido de lã.

A Mooca das tecelagens. In: *História de Maria Helena Cavalcante Fernandes*. Museu da Pessoa, 5 dez. 2012. Disponível em: <http://mod.lk/moocatec>. Acesso em: 18 maio 2018.

- O texto diz respeito ao período do início da industrialização no Brasil? Por quê?

_____
_____
_____
_____

132

2 Observe a fotografia que retrata a construção de uma avenida no Rio de Janeiro no início dos anos 1900 e responda às questões.

Demolição de sobrados para dar lugar à avenida Central, atual Avenida Rio Branco. Município do Rio de Janeiro, estado do Rio de Janeiro, 1904.

a) Quais modificações foram necessárias para a construção da avenida?

_____

_____

_____

b) No início dos anos 1900, muitas cidades brasileiras passaram por reformas e transformações. A que contexto histórico essas transformações estão relacionadas?

_____

_____

_____

_____

c) No município em que você vive foram realizadas reformas e construções públicas recentemente? Pesquise fotografias que retratam essa transformação e depois, em seu caderno, escreva um texto explicando que mudanças ocorreram.

Atividade divertida

Observe a imagem e circule em vermelho objetos e construções que não correspondem ao que existia há 150 anos.

135

Estes adesivos devem ser utilizados na abertura da Unidade 1, páginas 10 e 11.

Prefeitura

Câmara municipal

Parque de diversões

Praia

Praça

Praça

Praça

Terminal rodoviário

Feira típica

Feira típica

Porto

Mercado

Arquitetura histórica

Arquitetura histórica

Abastecimento

Abastecimento

Correio

Parque

Parque

Hotel

Hotel

Hotel

Museu

Museu

Estes adesivos devem ser utilizados na abertura da Unidade 1, páginas 10 e 11.

Restaurante — Restaurante — Restaurante — Escola — Escola

Mercado — Mercado — Mercado — Farmácia — Farmácia

Café — Café — Café — Biblioteca — Biblioteca

Sorveteria — Sorveteria — Sorveteria — Supermercado — Supermercado

Hospital — Hospital — Cinema — Cinema — Lanchonete

Lanchonete — Supermercado — Escola — Supermercado — Parque de diversões

139